ACTIVADOS
PARA
TRANSFORMAR

"El que tiene la llave de David, el que abre y ninguno cierra, y cierra y ninguno abre".

Delki Rosso

Prólogo por Marcos Brunet

Delki Rosso
www.houseofthearts.com
www.RoyaltyDesignsBoutique.com

Activados para Transformar
Copyright © 2014 por:
Delki Rosso & House of T'heArts Int. School

Salvo que se indique en el texto, las citas bíblicas son de la versión Reina Valera 1960 (RVR60). Cuando el texto bíblico aparece en itálicas o negritas, pertenece a un énfasis añadido por el autor.

Corrección y Diseño de interior:
Ediciones Bara
www.facebook.com/EdicionesBara
edicionesbara@gmail.com

Crédito de fotos
Edward Rosso
www.facebook.com/HotaiPhotography

Elvys Joel
www.facebook.com/joeaniveldehaina.aniveldehaina

Jose Hedz Navedo
www.facebook.com/Jose.Hedz.Navedo

Crédito de Pinturas Proféticas
Jacob Gris
www.facebook.com/jacobrgris

Crédito Diseño de tapa
Edgar Winter
http://www.edgarwinter.org

Dedicación y Agradecimiento

Dedico este libro a mi Padre celestial, a quien creía lejano y distante, pero ahora, al encontrarme con Él, lo es todo para mí y es quien completa mi vida.

A Jesús, quien me hizo libre, me mantiene enamorada, apasionada y me dio una segunda oportunidad para dejar de simplemente existir, y empezar a vivir al máximo.

Al Espíritu Santo, quien me ayuda cada día a realizar la obra del Padre y a alcanzar mi destino profético.

A mi amado esposo, Edward Rosso. Admito que gracias al balance que nos complementa como pareja, he podido lograr en mi vida mucho más de lo que hubiera imaginado.

También quiero dedicar este libro a mis hijos Dejoy, Juliette mis preciosas niñas que pacientemente me han permitido realizar la obra de Dios sin reproches y a Edward David ya que estando

embazada de él finalicé este libro; los tres forman parte de una generación de adoradores conforme al corazón de Dios.

De igual manera, a mi madre Olga, quien fue mi guía para llegar a los pies del Señor y ha orado sin cesar recordándole a Dios sus promesas sobre mi vida; ella es mi mayor ejemplo a seguir en el evangelio.

A mis pastores, ellos son como unos padres para mí desde el primer día que llegué a la congregación Palabras de Vida; y ahora, han creído en la visión y misión que Dios me ha asignado en esta nueva etapa de mi vida.

A una mujer muy especial, Raquel Jiménez (mi primera líder de danza). Ella creyó en mí y me enseñó el poder de discipular a través de las artes.

A mi hermana Mimi, por creer siempre en mí y amarme. Ella es un ejemplo del amor de Dios.

A mi hermanito Danny, quien pese a su temprana edad posee una madurez espiritual que me reta y a la vez me hace sentir segura del llamado de Dios para mí.

A mi hermano Junior. Aunque está lejos, sin importar la distancia siempre he sentido su apoyo y me ha alentado y asegurado que puedo alcanzar todo lo que me proponga.

Mil gracias a mi padre Mario, porque desde niña me tomó como suya y aun cuando no conocíamos a Dios, siempre creyó que nada sería imposible para mí.

También dedico este libro a cada uno de los miembros voluntarios de House of T'heArts Int. School. Ellos, fielmente, han creído en la visión de despertar el avivamiento a través de las artes y se han dado por amor al Reino. Gracias Gina y Margie por ser las primeras maestras que iniciaron conmigo esta hermosa visión.

Gracias Paloma, María y Michelle por ser mis primeras alumnas y hoy fieles maestras. A Paloma Fernadez, gracias por continuar el legado en los momentos en que por cualquier motivo yo no he podido.

Gracias a cada miembro de HOTAI Internacional por su trabajo de excelencia, por permanecer fieles cuando no sabía hacia donde ir y por creer en la visión de Dios.

Gracias a cada estudiante y discípulo de los que Dios me ha permitido ser mentora. En especial a una joven a quien siempre le declaré que sería diez veces mejor que yo: Argelis Capellán. Gracias por mantenerte fiel en mi vida. ¡No solo eres una buena discípula, eres una excelente amiga!

Estaré eternamente agradecida a mi hermosa congregación Palabras de Vida, a cada líder y miembro y a nuestros pastores visionaros. Ellos me han mostrado un evangelio de libertad y sin limitaciones. Gracias apóstol Ben y Teresa Paz.

A cada pastor que ha creído en esta visión desde el primer día, confiándome sus ovejas.

Y a cada ministro, colega y amigo que se mantiene en unidad, firme y haciendo la obra de Dios por amor. En especial, gracias a la Pastora Oneida Beltre-Nadal, porque su congregación fue la primera en creer en la visión que Dios me ha dado y abrir sus puertas para iniciar las primeras clases semestrales de HOTAI. ¡Gracias!

Doy gracias a Dios por dos personas y profetas muy especiales, Angélica María Castro y Jessica Dugand, quienes dedicaron su tiempo para leer este libro detenidamente despues de ser editado, y enviarme sus apuntes y correcciones. Estaré infinitamente agradecida.

Gracias Pastor Wilson Santos por sentarse conmigo mañanas y tardes largas, a completar y organizar mis pensamientos. Sin esta ayuda jamás hubiera completado este proyecto.

A cada adorador en cualquier rincón del mundo, que he conocido o que conoceré, y a quienes tal vez nunca conoceré personalmente, pero que tendrán este libro en sus manos.

Oro y declaro en el nombre de Jesús que serán bendecidos a través de este legado escrito. Declaro que este libro solo será el inicio del libro que ustedes estarán escribiendo para las próximas generaciones, lleno de muchas revelaciones de parte de nuestro Dios.

CONTENIDO

PRÓLOGO

Estamos viviendo la mejor etapa de la historia de la Iglesia. Lo que dice Hechos 3:21 acerca del tiempo de la restauración de todas las cosas para preparar la venida de Cristo y el entendimiento de las artes, es algo que Dios se está encargando de hacer ahora para volver al diseño original. Él toma personas que están dispuestas a escuchar su voz y hacer en la Tierra como en el cielo.

Sin lugar a dudas, Delki Rosso, es una de las voces que Dios está amplificando en esta generación para que este proceso de restauración y reforma se concrete.

"Activados para Transformar", más que un libro convencional es como una especie de mapa para encontrar nuestro destino profético. Dios sigue usando personas y protocolos de activación para expandir su Reino en la Tierra.

Cuando Saulo de Tarso tuvo un encuentro personal con Jesucristo, dice la Palabra que él se quedó ciego durante algunos días por tanta luz y revelación. En Hechos 9 se cuenta esa experiencia y también lo que yo llamo "protocolo de activación". Dios toma a un profeta llamado Ananías, hasta ese momento desconocido, pero muy obediente a la voz de Dios, y le da la dirección de la casa en la que Saulo estaba. Lo guía a ir allí e imponer sus manos sobre él. Aunque Saulo había estado personalmente con el mismo Jesús, era necesario que fuera activado por un profeta para comenzar su llamado con efectividad y para ser transformado en el apóstol Pablo, alguien que llenaría todo un continente con el mensaje del evangelio.

De la misma manera, estoy convencido de que este libro ha llegado a sus manos como una herramienta profética para que active sus dones al máximo potencial y se transforme en un ministro que llene la Tierra del conocimiento de la gloria de Dios.

Tengo la esperanza de ser parte de la generación que le prepara un lugar a Jesús para que venga a reinar sobre todo y todos. Y para que esto ocurra, quiero contagiar a los artistas a que sean inspirados por el Espíritu Santo y no por las modas del sistema de este mundo. Como Bezaleel, que significa "el que habita bajo la sombra de Dios", la historia dice algo interesante acerca de ese artista.

"Y lo ha llenado del Espíritu de Dios, en sabiduría, en inteligencia, en ciencia y en todo arte, para proyectar diseños, para trabajar en oro, en plata y en bronce, y en la talla de piedras de engaste, y en obra de madera, para trabajar en toda labor ingeniosa. Y ha puesto en su corazón el que pueda enseñar, así él como Aholiab hijo de Ahisamac, de la tribu de Dan; y los ha llenado de sabiduría de corazón, para que hagan toda obra de arte y de invención, y de bordado en azul, en púrpura, en carmesí, en lino fino y en telar, para que hagan toda labor, e inventen todo diseño" (Ex. 35:31-35).

Fue lleno del Espíritu de sabiduría para proyectar diseños en todo tipo de artes. El arte es una forma de expresar lo espiritual. Es tiempo de ver artistas que no se expresen desde su alma, porque el corazón es engañoso, sino que proyecten los diseños, sonidos,

colores y movimientos que están viendo en el cielo. De esta manera, profetizar significa traducir el ambiente celestial y transformar lo terrenal.

Edward y Delki son como hermanos que Dios nos dio para que juntos veamos su Reino avanzar. Pongan atención a cada instrucción de este libro y serán "Activados para Transformar".

Marcos Brunet
Salmista Profético Internacional
Director del Ministerio "tomatulugar.com"

Vivimos en días espectaculares en los cuales Dios está restaurando herramientas para que su Iglesia llegue a ser la "novia gloriosa" que Él diseñó desde el principio.

En este proceso de restauración hay conceptos como el "Reino de Dios" que están transformando la perspectiva de miles de líderes y creyentes alrededor del mundo.

Hemos tenido el privilegio asombroso de ver la restauración de los ministerios proféticos y apostólicos, y también la restauración de herramientas clave para poder tomar posesión de todo lo que Dios tiene para sus hijos.

Creo firmemente que parte de las cosas que están siendo "restauradas" para la Iglesia son las artes. Y cuando hablo de las artes me refiero a toda su expresión, desde la música y los cantantes hasta la poesía y los actores. He visto el poder de un fotógrafo cuando capta un momento poderoso de adoración o de gozo, y cuando el individuo que ve la imagen queda profundamente afectado por el poder que refleja.

La Biblia nos dice que en un momento clave Israel estuvo a punto de perder una batalla. Mientras Josué dirigía el ejército de Israel, Moisés estaba en la cumbre de la montaña con sus brazos levantados y, como normalmente le ocurre a cualquier persona, el cansancio lo abrumó, y en ese momento la historia dio un giro interesante.

"Y las manos de Moisés se cansaban; por lo que tomaron una piedra, y la pusieron debajo de él, y se sentó sobre ella; y Aarón y Hur sostenían sus manos, el uno de un lado y el otro de otro; así hubo en sus manos firmeza hasta que se puso el sol" (Ex. 17:12).

Aquí vemos que dos hombres Aarón, que representa el sacerdocio, y Hur, fueron la clave para que Dios les diera la victoria. La pregunta es: ¿qué representa la persona de Hur? Y la respuesta la encontramos en su nieto: *"Habló Jehová a Moisés, diciendo: Mira, yo he llamado por nombre a Bezaleel hijo de Uri, hijo de Hur, de la tribu de Judá; y lo he llenado del Espíritu de Dios, en sabiduría y en inteligencia, en ciencia y en todo arte, para inventar diseños, para trabajar en oro, en plata y en bronce, y en artificio de piedras para engastarlas, y en artificio de madera; para trabajar en toda clase de labor"* (Ex. 31:1-5).

Hur representa las herramientas de las artes, sin las cuales nuestra victoria es incompleta. Esta es la primera vez que la Biblia nos dice que alguien fue capacitado, y nótese que lo fue para fines artísticos.

La restauración por medio de las artes siempre produce, inicialmente, ciertos desbalances y errores, pero al pasar el tiempo llega la madurez. Es por eso que pienso que este libro es clave para todo aquel que quiere manejar la danza "responsablemente", comprendiendo su verdadero lugar y trayendo la libertad y el poder de Dios a personas que tienen hambre y sed de Él.

Delki y Edward Rosso son nuestros hijos en el Señor y puedo testificar de su sujeción, honra, madurez, sus lágrimas y los momentos de corrección en que han sido formados por Dios no solo para hablar de la teoría, sino también de la práctica; porque llevan el "fruto" que testifica cómo ellos han honrado a Dios.

Nosotros creemos que han sido levantados por Dios precisamente para un momento como este, cuando hay ciertos desbalances y excesos referentes al uso correcto de las artes. Ellos traen un mensaje balanceado y claro de cómo las artes pueden ser un instrumento poderosísimo en manos de un pueblo con corazones correctos. Abre tu corazón, abraza estos principios y verás cómo Dios te honra.

Apóstoles Ben y Teresa Paz
Centro Cristiano Palabras de Vida

Delki Rosso es una verdadera adoradora, de esas que el Padre está buscando... ¡y encontró! Antes que danzarina, primeramente es una hija que adora al Padre celestial con todo su corazón. Lo que más nos ministra de Delki es su corazón de niña; ella adora con libertad y hace todo lo que el Espíritu le dice, sin temor al qué dirán. Es una mujer de honra y con mentalidad de Reino. ¡Una verdadera transformadora de atmósferas! Sabemos que en este libro está plasmado todo lo que ha recibido del Padre por gracia, y por gracia lo está compartiendo con todos ustedes.

Apóstoles José Víctor y Jessica Dugand
Ekklesia Global Ministries
www.ekklesiaglobal.org

Es una bendición prologar este libro que, además de poner en sus manos las herramientas necesarias para poder ser activado para transformar, nos presenta el sentir del corazón de su autora y nos lleva por un claro viaje de una vida que fue transformada y activada para llevar a otros a esa misma transformación.

El contenido de este libro es enriquecedor en el tema de la adoración a nuestro Dios a través de la danza. En él he encontrado una exposición basada en la sana doctrina, que no quita ni añade, aunque trata temas que no muchos se atreven a tratar con libertad.

Conozco bien de cerca a la autora de este gran libro, a quien tuve la bendición de dirigir e introducir en la pasión de la danza. Por eso puedo afirmar que este libro relata una transformación real de la vida de una mujer que ha vivido cada una de las experiencias duras y a la vez enriquecedoras que se viven al experimentar la mano de Dios; experiencias que la transformaron para poder alcanzar el propósito de su llamado, con el cual nos bendice hoy.

A usted, que tiene pasión y preguntas. A usted, que quiere con corazón sincero agradar a Dios y experimentar una verdadera transformación para activar a los que Él ha puesto en sus manos, lo invito a leer esta joya de gran valor y a poner en práctica cada una de sus enseñanzas.

Raquel Jiménez de Fumero
Directora de Ministerio de Danza Saetas - Moroco

En esta última jornada que vive la Iglesia en la Tierra, como nunca antes Dios ha estado levantando reformadores revolucionados, impulsados por una firme convicción de establecer el Reino de Dios y dar a conocer Su nombre por toda la Tierra.

Delki Rosso es una de esas revolucionarias que han sido entrenadas por el Espíritu de Dios para causar a través de las artes un hambre por Su presencia que provoque que el cielo descienda a la Tierra. Tiene en sus manos una herramienta que lo activará en su llamado y le ampliará el conocimiento de lo que el eterno ha depositado en usted. En este libro encontrará mucho más que palabras escritas o enseñanzas que aprender; encontrará la vivencia de una mujer que a través de su caminar con Dios ha sido entrenada por su Espíritu para establecer Su Reino a través de las artes. Delki Rosso es una revolucionaria, ¡un agente de cambios en el Reino!

Lissette Acosta de Jiménez
Pastora y Salmista Profética Internacional

Desde que conocí a Delki Rosso vi en ella a una mujer joven y apasionada, con una misión profética específica para el Reino de Cristo. Ha sido escogida y ubicada estratégicamente en la capital del mundo para establecer y edificar.

En tiempos decisivos y cósmicos para las sociedades, cuando el futuro de hijos y familias ha estado en juego, Dios nunca ha escaseado en recursos para responder con voz profética a ese momento histórico. Estos no se acomodan al *statu quo*, abren camino para otros, hacen cosas fuera de lo común y lo arriesgan todo pues poseen una Palabra depositada en su ADN. Vienen con el espíritu profético de Elías para confrontar, traer definición, provocar confrontación, arrepentimiento y cambiar las mentes.

Este libro es para aquellos a quienes Dios está levantando simultáneamente en todas las naciones y cuya pasión sea sanar vidas, reconciliar al mundo, a la ciudad, a la nación y a una persona para Cristo. Es para guerreros del Reino que creen que la adoración, las

artes y las danzas tienen poder para deshacer fuerzas y poderes de tinieblas que han ejercido hegemonía sobre ciudades y provocado esquizofrenia espiritual a generaciones enteras.

Las artes son algo que gusta universalmente, son un lenguaje para todas las naciones, razas y pueblos. Dios enmarcó la historia de redención en las artes. Este libro es para músicos, danzores, adoradores y pastores que dirigen a pueblos a la presencia de Dios. Es para personas que desean ser efectivos y relevantes en su ministerio atendiendo a una generación nueva que quiere romper patrones religiosos y adorar a Dios con relevancia y substancia. Es una revelación con perspectiva bíblica entendible tanto para el experimentado como para el principiante en las artes. El deseo de Dios es ver a gente de toda lengua y nación proclamar que Jesús es el Señor en todas sus variadas expresiones.

Si desea ser agente de cambio, liberar y usar el poder que Dios le dio a la Iglesia, impactar a una congregación, juventud y ciudad... lo invito a que se apropie de verdades prácticas y se convierta en un ente y catalizador de transformación.

¡Que este libro acelere ese cumplimiento!

Apóstol Noel Santiago, PhD
The PAC CENTER

La adoración es un tema hoy en día muy debatido e incluso un tema que causa mucha división entre las denominaciones cristianas. Cuando hablamos de "adoración" las personas piensan que se está hablando del canto o de alguna experiencia en la iglesia; pero la adoración abarca todo lo que hacemos, es un estilo de vida. En la Biblia encontramos diferentes experiencias que nos ayudan a entender más sobre este tema, una es la de Isaías, quien

tuvo una visión en la cual fue trasladado al mismo trono de Dios, en el que había serafines que adoraban a Dios con sus alas, sus manos; y sus bocas diciendo: *"Santo, Santo, Santo"* (Is. 6:1-5).

En otro relato de la Biblia encontramos a David, que adoró a Dios con toda su fuerza y se convirtió en un hombre apasionado por la adoración; el mismo Dios da testimonio de que él era *"conforme a su corazón"* (Hch. 13:22). El corazón del rey aprendió los secretos de la transformación y esa fuente se convirtió en su favorita. Es lógico pensar que la adoración transforma el corazón y lo torna al amor del Padre. Es por eso que creo que este libro será de gran ayuda no solo para los que practican la danza o cualquier tipo de artes, sino también para todos aquellos que quieren transformar su vida, su ciudad y las naciones. Todo hijo debe ser reconocido por esa marca.

En la Biblia encontramos que los 144.000 adoraban a Dios de día y de noche, lo hacían sin parar y sin quejas, en agradecimiento por todo lo que el Cordero había hecho con ellos (Ap. 7:15). En Apocalipsis 14 se muestra que este grupo de salvados tenían algo que los hacía especiales y diferentes a todos los demás, pues el relato dice que cantaban un canto que nadie más podía cantar. Yo soy de los que creen que la experiencia de los 144 no se limita solo a la experiencia de cantar constantemente, porque se menciona que este grupo tenía ciertas características especiales y se resalta la adoración a Dios. Esto me da a entender que la adoración estaba relacionada a su recompensa e identidad.

Cuando conocí a Delki sabía que ella sería un instrumento de Dios para guiar a su pueblo en una experiencia de adoración sobrenatural. Pero cuando leí este libro me convencí de tal presentimiento, ya que entiendo que esta obra está finamente delineada para poder ayudar a los que buscan lo sobrenatural de Dios, aquellos que desean una luz en el camino, un faro que nunca deje

de cumplir su verdadero propósito que es iluminar a todo caminante del Reino a encontrarse de una manera más profunda con Dios, y que sirva también para aquellos que desean desarrollar el Ministerio de Artes en una dimensión sobrenatural.

No solo creo que el contenido de este libro es poderosísimo, sino también que su autora, Delki Rosso, ha tenido un Ministerio de Artes creciente y aprobado por Dios. Aparte de que conozco la vida y el testimonio de ella, también hablan de ella sus frutos, pues la Biblia dice *"por sus frutos los conoceréis"* (Mt. 7:20).

Wilson Santos
*Escritor, Conferencista y pastor de la Red de hombres
Centro Cristiano Palabras de Vida, Bronx, New York, USA*

Acerca De La Autora

Hablar de Delki Rosso es visualizar una plataforma llena de aventuras creadas para motivar a otros a descubrir y activar los dones y talentos que poseen los demás.

No fueron pocos los obstáculos y luchas que encontró en su nuevo caminar, donde muchas lágrimas transformaron su carácter y pensamiento, porque Dios comenzaba en ella un proceso purificador, hermoso y restaurador, que dio como resultado la mujer que todos conocemos hoy. Una mujer que desde sus inicios en los caminos del Señor dejó ver su carácter luchador y conquistador.

Ver su vida llena de logros en lo natural y en lo espiritual es un testimonio fiel de lo que Dios hace en una vida que se deja guiar y pastorear en sumisión a sus líderes. Delki es una persona persistente que día a día busca agradar al Señor en todo y alcanzar cada meta que se propone. Su pasión por servir la llevó a querer participar en la evangelización, la danza, el teatro, con los jóvenes, la limpieza o cualquier otra cosa que pudiera hacer, siempre con el anhelo de mostrar lo agradecida que estaba con su Salvador.

Delki, tiene varias facetas. Es madre, esposa, hija, empresaria, amiga y mujer esforzada, y tiene su mirada enfocada en el crecimiento diario y en la búsqueda de revelación de la Palabra de Aquel que la inspiró.

Poseedora de hermosas y múltiples cualidades, es necesario destacar que tiene un corazón perdonador, que a su vez sabe recibir perdón y que procura siempre la unidad por encima de su propio bien. Un corazón que pasa por alto las ofensas y sigue adelante con el mismo amor. Esto la separa de los demás y hace de ella una líder aprobada en medio de un mundo en que el liderazgo genuino es escaso y donde mientras otros procuran las añadiduras ella despliega pasión por las almas.

Delki es un excelente ejemplo a seguir, y el deseo de su corazón se refleja en este hermoso pensamiento: *"Cada día que pasa, mi carne está más cerca de la muerte, pero me aseguraré de que mi espíritu esté mucho más cerca de conocer el cielo".*

Este libro le abrirá las puertas para descubrir mucho más de esta gran mujer, revelándole las huellas de su proceso y por qué ella a través del Espíritu Santo fue *activada para transformar* la vida de todo aquel que puede alcanzar.

Raquel Jimenez de Fumero

Introducción

Más que un libro, esta es una guía tanto práctica como espiritual para toda persona que desee usar las artes de manera sobrenatural.

Este escrito no solo podrán apreciarlo los danzores, los músicos o miembros de la alabanza, sino también los líderes y pastores que quieran aprender cómo iniciar o reconstruir el Ministerio de las Artes para ver mayores frutos en su congregación, al igual que para cualquier persona que se crea un verdadero adorador y desee ser parte del cambio.

Entenderán un poco más del poder que tienen como adoradores, su asignación y las herramientas dadas en la Tierra para que el cielo gobierne a través suyo y pueda activarse para transformar y desarrollar su ministerio al máximo.

Ya es tiempo de dejar de estar cómodos y ser dependientes de los demás, y comenzar a escuchar la voz de Dios y ver que ocurren milagros. A través de los años en este ministerio descubrí una llave de activación y por medio de la lectura de este libro quiero ponerla a su disposición.

La Palabra de Dios es clara en cuanto a la adoración, las puertas y las llaves. Entendemos que todo hijo de Dios tiene autoridad para abrir y cerrar puertas, pero no todos reconocen que tienen las llaves. Uno de mis objetivos es que al terminar de leer este libro usted pueda ser activado para cumplir su propósito.

Quiero remover lo que yo considero que son malos conceptos y limitaciones acerca de las artes en la Iglesia de Cristo. Le mostraré, a través de estas páginas, testimonios de pastores, líderes, músicos, danzores y adoradores, que lo moverán a avanzar a su próximo nivel.

Este libro no solo le servirá de guía para experimentar la realidad del cielo a través de la adoración, sino que le dará elementos prácticos y necesarios para tener **un ministerio sobrenatural con orden de Reino tanto en la Tierra como en el cielo.**

Un mes antes de publicar este libro recibí un email con el primer fruto del propósito del mismo. Decidí añadirlo a la introducción, ya que no hay nada más poderoso que un testimonio. Estoy segura que lo edificará, motivará y activará.

"Delki, déjame felicitarte por tan maravilloso libro. Aunque no soy danzarina, en este tiempo que Dios me ha permitido involucrarme indirectamente con este ministerio he aprendido que Él se mueve a través de la danza de una manera muy especial, y que con cada movimiento y la utilización de instrumentos guiados por el Espíritu Santo la atmósfera espiritual cambia totalmente. Al leer este libro y ese segundo testimonio plasmado en él, pude comprender aún más cómo Dios obra poderosamente cuando le adoramos y activamos nuestros dones y talentos para el servicio de otros.

Escribir es el talento que el Señor me regaló y lo uso muy seguido, pero el don que ha puesto en mí casi nunca lo había utilizado, de hecho le pregunto mucho si las revelaciones, sueños o palabras provienen de Él y vacilo en comunicarlos a la persona implicada. Creía que decir el llamado que Dios me hizo no mostraba humildad y por eso siempre lo he mantenido en secreto. Hace diez años el Señor me regaló el don de profeta y me dijo: 'Te he puesto por profeta para las naciones' y me lo ha venido ratificando año tras año, pero ingenuamente, a pesar de mi conocimiento de la Palabra, y de que en oración le he pedido ser su profeta con denuedo, había creído en la mentira de que si lo daba a conocer era por orgullo y vanagloria, **¡qué gran error!** Cuando me pediste que leyera tu libro y le hiciera las correcciones necesarias le pregunté a Papá: '¿Por qué yo, Señor?'. Alguien a quien le comenté lo que me habías pedido me dijo que quizás Dios quería darme una respuesta a lo que en ese momento estaba pasando en mí, pero no fue así, porque me habló de algo completamente distinto que me llevó a confrontarme. Este libro que me hizo reír, llorar, pero sobre todo me ayudó a recapacitar acerca del don que el Señor me dio y su llamado, algo que estaba inactivo por dejarme engañar durante tanto tiempo.

Ahora puedo decir que he decidido **activarme para transformar** a otros, y le pido a Dios en el nombre de Jesús que me ayude y me respalde. Gracias porque te dejaste usar para que el Señor hablara a mi vida a través de tu libro, el primero de muchos que escribirás con la ayuda y la inspiración del Espíritu Santo. Con mucho amor".

Angélica María Hernández Castro
Profeta y escritora
CBI Emanuel Santa marta, Colombia

LIBRES PARA LIBERTAR

Desde que nacemos tenemos el deseo de adorar algo, eso nos hace a todos adoradores.

El hombre fue creado a imagen y semejanza de Dios, por tanto somos seres espirituales. Toda la creación tiene algo en común, y es la necesidad de adorar a algo o alguien. Para muchos el centro de su adoración es el dinero, otros adoran su propia persona o su cuerpo, hay quienes rinden adoración a todo lo que pueda significar para ellos ser reconocidos, exaltados o lo que los haga mostrarse, es decir, la vanidad. Todos tenemos a quienes adorar porque eso es parte de nuestra naturaleza.

Una vez que aceptamos y recibimos al Señor Jesús como nuestro Salvador nos convertimos en hijos y empezamos a tener un mayor entendimiento de quién es Dios (1 Co. 2:16). Cuando esto ocurre le adoramos y servimos no solo en palabras, sino también de corazón. ¿Por qué le explico esto? Porque cualquiera puede alabar a Dios, pero solo los hijos pueden adorarlo; o sea que cualquier hombre creado por Dios puede hablar bien de Él o halagarlo, pero únicamente los adoradores entienden Su corazón y pueden vivir un estilo de vida en adoración.

Hay una conexión espiritual de hijos guiados por el Espíritu; es una conexión de espíritu a Espíritu.

El Espíritu Santo me habló de tres fuentes internas de adoración: la mente, el corazón y el espíritu, pero antes de definir estos conceptos quiero contarle mi propia experiencia porque creo que la adoración y, en mi caso, especialmente la danza, es una herramienta importante de Dios para restaurar y liberar aun a aquellas personas que no le conocen. Debemos reconocer que necesitamos ser transformados primero nosotros para poder llevar a otros a esa misma transformación. En este proceso debemos llenarnos de su Palabra, no solo para conocimiento, sino para dejar que ella comience a obrar en nuestro interior y, de esta manera, ser moldeados al ponerla en práctica cada día.

El Espíritu Santo, que es el dador de los dones, activará su espíritu para que osadamente ponga en práctica el poder de Dios a través de las diversas herramientas que Él le ha entregado, en este caso, las artes.

LA DANZA COMO HERRAMIENTA DE RESTAURACIÓN

Restaurar es volver al hombre a su estado original.

La danza es una herramienta de restauración, es un arma para alcanzar a aquellos que no han aceptado a Cristo en su corazón y una llave para restaurar a los hijos que perdieron la esencia de su creación. Claramente, no es la única manera, porque Dios no se limita a ningún método, pero esta ha sido la herramienta que Dios uso en mí y en otros para transformarnos.

Recuerdo cuando llegué al camino del Señor en el año 2000. Me sentía frustrada, confundida y tenía una muy baja autoestima. Sufría de depresiones que me llevaban a tener fuertes pensamientos de suicidio, mi vida era un desastre, me sentía una basura. Las experiencias que estaba viviendo en ese momento eran muy difíciles para que yo pudiera entenderlas o soportarlas. Vivía un suceso negativo tras otro; parecía que el mundo se hubiera puesto en mi contra. Antes de rendir mi vida a Cristo, mi novio estaba preso, había perdido mi apartamento y había regresado a vivir con mi mamá porque no tenía otra opción. Lo había perdido todo, inclusive mi propia dignidad. No me valoraba como mujer y buscaba escape en todos los placeres de la carne; pero esto no era suficiente, quería escapar de mí misma y de este mundo. No tenía esperanza, parecía que nunca cambiarían las cosas, a pesar de que tenía tan solo 22 años. A esa edad todos creen estar en la flor de la juventud, con todas las ganas de vivir y de enfrentar al mundo, pero yo me consideraba inservible, fracasada y sin ninguna esperanza para seguir viviendo.

Cuando solía aceptar la invitación de mi madre para asistir a la iglesia, en menos de cinco minutos salía corriendo, pero en una de mis visitas a la congregación vi a alguien danzar y cautivó toda mi atención, no podía quitarle mis ojos de encima. En ese entonces

no sabía lo que era la danza, pero luego entendí que Dios en ese momento me ministró porque no pude contener mis lágrimas. Sin saberlo, ese día Dios marcó algo grande en mi interior al ver a esa joven danzar. Mientras la miraba me quebranté en llanto y escuché una voz en mi interior que decía: "Wow... qué pura, qué hermosa, yo nunca podré hacer algo así".

Después mi vida fue de mal en peor. Mi novio abusivo y yo volvimos a pelear y esta vez no solo hubo maltrato verbal y físico, sino que involucramos armas de fuego. Yo tomé su pistola y le disparé a las cuatro llantas del carro armando una balacera fuera de la casa donde vivíamos. Esto causó tensión entre los vecinos, y no dudaron en llamar a la policía. Mi novio estuvo fugitivo, por lo cual más tarde terminó en la cárcel por falsa identidad y venta de drogas ilegales. Yo estaba a punto de caer presa también por usar un arma de fuego ilegalmente, pero nuevamente Dios me libró. Por casi cuatro años mi vida fue como lo que se ve en una película de acción y horror al mismo tiempo. Así que mis padres tuvieron que rescatarme de donde vivía y regresé a la casa de mi familia. Nuevamente acompañé a mi madre a la congregación.

Al regresar a vivir a casa de mis padres decidí ir a la iglesia, (primero porque me sentía comprometida, ya que mi mamá me había aceptado en su casa sin ningún tipo de reproches y, además, porque no tenía nada más que perder.

Pasaron exactamente seis semanas después de esta visita, cuando acepté a Jesús como Salvador y comencé a visitar formalmente la congregación. Veía cómo todos adoraban a Dios, y yo trataba de hacer lo mismo, pero algo más poderoso que yo me lo impedía. No podía levantar mis manos sin sentir culpabilidad por mi pasado o por razones tontas, como por ejemplo, creía que las personas que estaban detrás de mí me criticarían por no haberme hecho las uñas. O creía que el joven que tocaba la conga,

ex esposo de mi mejor amiga, me juzgaría por mi pasado, por lo que me escondía detrás de una de las columnas de la iglesia para poder adorar a Dios. Puedo enumerar muchas razones que me impedían adorar a Dios, pero la primordial era la culpa que sentía por mis pecados y la falta de perdón a mí misma. Así que tuve que aprender a perdonar y a perdonarme, pues el perdón es la puerta a la propia libertad.

Cuando acepté a Jesús en mi corazón fui perdonada, pero aún necesitaba atravesar un proceso de liberación y restauración.

EL PERDÓN ES LA PUERTA A LA PROPIA LIBERTAD.

Pasaron varios meses antes de que yo pudiera levantar mis manos y abrir mi boca para cantar las canciones que todos entonaban con tanta libertad y gozo.

Comencé a pasar al frente, donde había más espacio y donde podía ver mejor a los danzores, que se veían felices expresando su amor a Dios con todo su ser.

Yo podía relacionarme con ellos porque me gustaba bailar, y esto me permitía expresarme sin palabras. La única gran diferencia era que mis expresiones eran provocativas y sensuales, para llamar la atención del hombre y no de Dios. Luego entendí que la danza para Dios era todo lo contrario.

Aunque lo que ellos hacían era extraño, a mí me llamaba la atención y trataba de imitarlos sin que se dieran cuenta. Los podía seguir mientras había música rápida, pero cuando sentía la música suave no podía seguirlos más y lo único que hacía era llorar y llorar. Si alguien quería saber adónde estaba Delki, me podía

encontrar en el piso, con una ujier al lado provista con una caja de pañuelos. El Espíritu Santo de Dios caía sobre mí y ministraba mi dolor, mi pasado, mi soledad, mis confusiones, mis dudas; esto se repetía cada vez que visitaba la iglesia, esta fue mi drástica experiencia por más de un año, y en cada uno de esos momentos tuve un encuentro con Dios cara a cara.

Tenía muchas preguntas para Dios, y mientras mi pastor Ben Paz predicaba, el Espíritu Santo se encargaba de contestar cada pregunta que había en mi mente. En los siguientes años, mientras más adoraba me sentía con menos carga. ¡Sentía que quería volar! Era una libertad inexplicable. Recuerdo que al final de cada prédica era la primera en pasar para la oración. No me importaba lo que pensaran de mí, lo que quería era ser LIBRE y estaba dispuesta a todo. Durante este proceso me apegué en gran manera a las intercesoras y a las personas que ya eran maduras en los caminos del Señor; ellos fueron como ángeles ministradores que Dios usó para bendecir mi vida en esos tiempos de transición. Andaba como una niña en una tienda de golosinas. Todo lo quería y todo me gustaba. Desde ese tiempo hasta hoy quedé locamente enamorada de Dios.

Recuerdo aún la primera vez que el Espíritu Santo me habló, esto fue lo que me dijo por medio del Salmo 40:1-3: "*Pacientemente esperé a Jehová, y se inclinó a mí y oyó mi clamor, y me hizo sacar del pozo de la desesperación, del lodo cenagoso; puso mis pies sobre peña y enderezó mis pasos. Puso luego en mi boca cántico nuevo, alabanza a nuestro Dios. Verán esto muchos y temerán, y confiarán en Jehová*".

De este Salmo lo que más que me impactaba era la última parte del verso: "*Puso luego en mi boca cántico nuevo, alabanza a nuestro Dios. Verán esto muchos y temerán, y confiarán en Jehová*". Tal vez para usted este versículo no tenga mucho significado, pero sí para mí; cuando lo leí no entendía cómo algo así podría pasarme, pero

decidí creerle a Dios y el resultado ha sido el sorprendente gozo de escuchar una y otra vez a las personas que me conocen, decir: "¡Grandes cosas ha hecho Jehová con la vida de Delki!".

El mismo joven que tocaba la conga y que yo creía que iba a juzgarme mal por mi vida pasada, comenzó a notar que me gustaba danzar y fue él quien le sugirió a la líder de danza que yo podría ser una buena candidata para este ministerio. Quiero señalar este hecho porque es muy importante saber que los prejuicios y los temores que nosotros traemos al ir a la iglesia por primera vez no los tienen los hijos de Dios que ya han sido sanados.

Después de que el ex esposo de mi amiga habló con la líder de danza, fui invitada a ser parte del ministerio y, por supuesto, acepté inmediatamente. Conociendo a mi líder Raquel, sé que oró antes de hablar conmigo, pero yo acepté su invitación; sin orar siquiera. Usted se estará preguntando: "¿No oraste? Ay, hermana, qué poco espiritual. Tienes que orar por todo y esperar la confirmación". Bueno, mi respuesta puede parecer poco espiritual, pero honestamente como cristianos hay cosas que perdemos porque cuando Dios abre las puertas, no somos lo suficientemente osados para entrar por ellas. Si bien es cierto que debemos buscar la guía del Espíritu Santo antes de tomar una decisión, en mi opinión esto no es necesario cuando se trata de servirle en algo que anhela tanto y que ya está confirmado en su corazón y en el de sus líderes. Cuando Dios lo escoge de entre lo peor de lo peor, hay una promesa para usted: *Deléitate asimismo en Jehová y él te concederá las peticiones de tu corazón* (Sal. 37:4).

Muchos cristianos no alcanzarán el propósito de Dios para su vida, no porque Él los haya rechazado o porque no tenga un llamado específico para ellos, sino porque su fe es inactiva y no se lanzan tras lo que Dios tiene para ellos.

Hay una comunión con el Padre que no solo se encuentra en el momento en que se aparta para la oración, sino en todo momento. La Biblia dice: *"Orad sin cesar"* (1 Ts. 5:17). Esta comunión fue la que me guió a tomar esta decisión y muchas otras decisiones osadas que he tenido que tomar; pues Él y yo somos uno y mientras mantenga esta relación con Él mi respuesta siempre será: "Sí, Señor, ya no vivo yo, mas vive Cristo en mí. ¡Esclava voluntaria tuya soy!".

Más adelante le daré más detalles sobre este tema; pero ahora lo que quiero que entienda es que todo lo que Dios ha hecho en mi vida es porque siempre he estado dispuesta a decirle "SÍ" a sus propósitos, aunque no tenga la menor idea de cómo llevarlos a cabo.

LA DANZA DESPIERTA HAMBRE DE DIOS

Mi historia fue similar a la del hijo pródigo, pues fui recibida por mi madre sin reproche y con todo el privilegio de una hija. Con ese acto ella me mostró el amor de Dios y cautivó mi corazón. Como ahora vivía con mi mamá, ella me daba veinte dólares todas las semanas; con los primeros veinte, después de diezmar compré mi primera Biblia que, literalmente, devoré. El hambre que tenía de saber quién era Dios y quién era yo no me permitía dejar de leerla. Mientras más leía la Biblia y adoraba, más experimentaba el poder de Su presencia de manera sobrenatural e inexplicable. Solo recuerdo que quería más y que también quería que lo experimentaran todas las personas que yo conocía. La combinación de entender con mi mente quién era Él y luego expresarlo con todo mi ser a través de la danza, desató en mí un hambre insaciable que activaba mi espíritu más y más cada día.

En 2 Samuel 6:14, dice que el rey David danzó con todas sus fuerzas mientras llevaba el arca del Señor a Jerusalén. Este rey, al cual consideramos uno de los más grandes adoradores de la historia del pueblo de Dios, no danzaba como un medio de deleitarse

en la carne, sino como un acto de agradecimiento al Señor. Él se sentía agradecido a Dios y esto lo llevaba a adorarle de corazón a través de la danza. Pero también en el rey David encontramos el principio que acabo de exponer en este subtítulo: que la danza es una herramienta de adoración que nos permite crecer en todos los aspectos de la vida cristiana, y que despierta en nosotros un deseo ardiente hacia el Creador, pues fue David quien dijo: "...*mejor es un día en tus atrios que mil fuera de ellos...*" (Sal. 87:10). Y: "*Una cosa he demandado a Jehová, ésta buscaré; Que esté yo en la casa de Jehová todos los días de mi vida, Para contemplar la hermosura de Jehová, y para inquirir en su templo*" (Sal. 27:4).

> **SI QUIEREN SER DANZORES QUE MUEVAN EL CORAZÓN DE DIOS, DEBEN APRENDER A DELEITARSE EN TODO LO QUE ES DE ÉL, SU PALABRA, SU CASA, SU MINISTERIO Y SU PRESENCIA.**

David siempre mostró un crecimiento integral, este abarcaba la casa de Dios, su Palabra, su ley y su presencia. El concepto que tengo de un adorador a través de la danza es el de una persona que no usa la danza como un arte cualquiera, sino que a través de ella se acerca a Dios y se deleita en todo lo que es de Él.

Siempre les digo a mis alumnos que si quieren ser danzores que muevan el corazón de Dios, deben aprender a deleitarse en todo lo que es de Él, su Palabra, su casa, su ministerio y su presencia.

LA DANZA COMO EXPRESIÓN DE AGRADECIMIENTO

Cuando Dios me invitó a servirle a través del Ministerio de la Danza fue muy fácil para mí hacerlo, pues siempre ha sido un honor poder adorar a Dios con todo mi ser; mi deseo era servirle dondequiera que me permitieran, incluyendo en la limpieza de los baños de la iglesia. Ese fue el primer ministerio donde serví a Dios con la misma pasión con la que danzo hoy.

Cuando vine a sus caminos no tenía nada que me diera esperanza; pero cuando el Señor me encontró y me dio identidad y gozo, me deleitaba en danzar día y noche. La diferencia entre una persona que va a una fiesta y baila cualquier tipo de música con los que danzamos para Dios es que podemos llenar nuestro corazón de la plenitud del gozo que proviene de Dios y deleitarnos en su presencia, mientras que aquellos que bailan para el mundo solo sienten placer momentáneo y continúan vacíos al terminar la noche. Yo bailaba cuatro días a la semana y estaba vacía, mientras más bailaba más vacía me sentía. Pero cuando el Señor me llenó de vida ya no danzaba para tener vida; sino que lo hacía porque tenía vida. Por años, cuando me miraba en el espejo, me sorprendía de cómo mi rostro literalmente había sido transformando. A pesar de que era una mujer de muy poca edad me veía anciana, sin brillo y arrugada. Cuando Dios nos restaura aun nuestro rostro se transforma en una imagen superior, como dice la Palabra en el libro de Joel: *"Y os restituiré los años que se comió la oruga, el saltón, el revoltón y la langosta..."* (Jl. 2:25). Cuando ve este milagro de Dios en su vida solo puede decir: "¡Cómo no adorarle!". Mi adoración a Él proviene de un corazón agradecido.

Concluyo este capítulo diciéndole que la adoración a través de la danza es un instrumento de transformación porque no solo

nos ayuda a acercarnos a Dios, sino que también por medio de ella entramos en contacto con la esencia del Padre, así como expresa la Palabra de Dios en Romanos 12:2: *"No os conforméis a este siglo, sino transformaos por medio de la renovación de vuestro entendimiento, para que comprobéis cuál sea la buena voluntad de Dios, agradable y perfecta".*

> **PORQUE TODO EL QUE ESTÁ EN SU PRESENCIA Y COME DE SU ESENCIA JAMÁS VOLVERÁ A SER IGUAL.**

Cuando Satanás le dijo a Eva: *"Sino que sabe Dios que el día que comáis de él, serán abiertos vuestros ojos, y seréis como Dios, sabiendo el bien y el mal"* (Gn. 3:5), él sabía que ser igual a Dios tenía que ver con buscarle y adorarle, fue por esta razón que le ofreció al hombre un camino más fácil: comer de un árbol. Es por eso que quiero que entienda que cuando hablo de la danza no estoy pensando en un instrumento que reconocemos con facilidad o con un método mágico, sino a un acto de corazón que nos hace entrar en su presencia y deleitarnos en su esencia. Porque todo el que está en su presencia y come de su esencia jamás volverá a ser igual.

Para poder ser "Activado para Transformar", es inevitable primero pasar por el proceso de transformación; el cual no es solo para los que están en el ministerio, sino para todo aquel que quiere vivir una vida sana y abundante.

Uno de los principales requisitos para ser un adorador es tener un gran carácter. El adorador puede tener unción, pero sin carácter será como manejar un carro sin frenos cuesta abajo.

En los siguientes capítulos se dará cuenta de que más que un deseo es un estilo de vida del cual todos debemos disfrutar en cada etapa, ya que el viaje puede parecer largo, pero solo Dios sabe las piezas que usted necesita para convertirse en su agente transformador.

CREADOS PARA ADORAR

esde un principio el propósito de Dios fue que sus hijos le adoraran. Su fuerte interés no se debe a que Él tenga un deseo enfermizo de que sus criaturas lo reconozcan, sino a que la adoración es el método de conocerlo, de entregarnos y de **ser** llenos por Él. En este capítulo veremos un poco de la historia de la adoración y de cómo es tan relevante para cada hijo e hija de Dios.

LUCIFER, EL ADORADOR

Lucifer era un ángel hermoso y líder de adoración en el cielo, pero se reveló contra Dios y por orgullo y vanidad quiso tomar la gloria y la adoración para sí mismo. Fue destituido del cielo transformándose en un enemigo para todo el universo. Antes de la rebelión, Lucifer estaba por encima de todas las categorías de los ángeles, ya que era el más hermoso y sabio de todos ellos. Es triste que alguien creado con tanta gloria y privilegio se haya apartado del propósito. La Biblia describe su creación de la siguiente manera: *"En Edén, en el huerto de Dios estuviste; de toda piedra preciosa era tu vestidura; de cornerina, topacio, jaspe, crisólito, berilo y ónice; de zafiro, carbunclo, esmeralda y oro; los primores de tus tamboriles y flautas estuvieron preparados para ti en el día de tu creación. Tú, querubín grande, protector, yo te puse en el santo monte de Dios, allí estuviste; en medio de las piedras de fuego te paseabas. Perfecto eras en todos tus caminos desde el día que fuiste creado, hasta que se halló en ti maldad. A causa de la multitud de tus contrataciones fuiste lleno de iniquidad, y pecaste; por lo que yo te eché del monte de Dios, y te arrojé de entre las piedras del fuego, oh querubín protector. Se enalteció tu corazón a causa de tu hermosura, corrompiste tu sabiduría a causa de tu esplendor; yo te arrojaré por tierra; delante de los reyes te pondré para que miren en ti. Con la multitud de tus maldades y con la iniquidad de tus contrataciones profanaste tu santuario; yo, pues, saqué fuego de en medio de ti, el cual te consumió, y te puse en ceniza sobre la tierra a los ojos de todos los que te miran. Todos los que te conocieron de entre los pueblos se maravillarán sobre ti; espanto serás, y para siempre dejarás de ser"* (Ez. 28:13-19).

Lucifer no creó la adoración para Dios. El Señor creó a Lucifer para que le adorara; Lucifer mismo era parte de esa adoración. Si era así, entonces era imposible que su caminar, sus movimientos o sus acciones se desligaran de ella. ¡Asombroso! Puedo imaginarme a Lucifer hermoso y radiante, caminando en el cielo con gracia y autoridad. Puedo escuchar los tamboriles que fueron creados para él, para sonar al ritmo de sus movimientos. Lamentablemente, esa posición de privilegio fue grande para Lucifer. Aceptar que él fue creado con tanta gloria para adorar no le fue suficiente, por eso quiso tomar el lugar de Dios. Esta fue la razón por la que fue echado del cielo junto a una tercera parte de ángeles, quienes hoy en día son los demonios.

Los ángeles tienen muchas funciones y una de ellas es la de adorar a Dios día y noche (Ap. 4:8). Lucifer en el cielo dirigía la adoración entre los ángeles. Se da a entender que tenía un alto rango por el tipo de vestimenta que llevaba y que se describe en Ezequiel 28:13; era muy parecida a la que usaban los sacerdotes de Israel y a la que Moisés hace referencia en el libro de Éxodo 39:10-13.

Como dije antes, a pesar de todos los privilegios que Lucifer tenía en el cielo se llenó de orgullo y vanidad haciendo que Dios lo removiera de su cargo y lo sacara de Su presencia. Cuando Lucifer cayó conservó sus talentos musicales, pero estos se volvieron corruptos. Isaías lo expresa cuando dice: *"Descendió al Seol tu soberbia, y el sonido de tus arpas..."* (Is. 14:11).

Dios no nos despoja de los dones que recibimos, ya que son irrevocables, por tanto Satanás y la tercera parte de los ángeles caídos siguen teniendo la habilidad de adorar, con la diferencia que, como todo adorador que se olvida de donde viene su don y a quien adora, se exaltan a ellos mismos.

Muchos hoy viven esta misma experiencia y usan los dones de Dios para hacer que otros les adoren. Hay muchas historias de

artistas que solo buscan ser reconocidos. Algunos están impactando esta nueva generación y otros lo han hecho por varias generaciones. Es por eso la importancia de saber a quién está siguiendo como ejemplo o de quién es la música que está escuchando. Pues la misma fuente de la cual está brotando esa "adoración", sea a Dios o sea a ellos mismos, será la que influenciará en su alma, cuerpo y espíritu.

ADAN, EVA Y JESÚS ADORARON

Cuando Adán y Eva fueron creados tenían la facultad de estar sin interrupción delante de la presencia de Dios y vivir un estilo de vida de adoradores. La Biblia relata en Génesis que una gloria los cubría y que Dios los visitaba y hablaba con ellos. El engaño de Satanás consistió en ofrecerles lo que ellos ya tenían. Este les dijo: "… *seréis como Dios…*" (Gn. 3:5), pero lo que Adán y Eva olvidaron fue que Dios ya les había entregado toda autoridad cuando fueron creados *"a su imagen y semejanza"*.

El enemigo de la humanidad engaña a los hombres ofreciéndoles lo que Dios les dio, esto fue lo mismo que hizo cuando tentó a Jesús en el desierto. La finalidad del diablo con Jesús no era darle nada, sino hacer que este le adorara. Adán y Eva cayeron en el engaño, pero Jesús no. Hoy en día Satanás tiene el mismo objetivo: desviar la adoración hacia donde sea, siempre y cuando no sea hacia Dios. Cuando una persona se deja engañar en la adoración no solo peca contra Dios, sino que demuestra no tener dominio propio ni verdadera identidad. Esta fue la diferencia entre Adán, Eva y Jesús. Los primeros fueron seducidos, pero Jesús no. Satanás atacó su identidad, a unos les dijo: "Si comen de este árbol serán como Dios", y a Jesús: "Si eres el Hijo de Dios haz…".

Cuando una persona adora a Dios sin identidad es arrastrado por el mundo. La adoración solo tiene sentido cuando la hacemos

con el corazón correcto; y el corazón correcto es el entendimiento de quién es Él, quienes somos nosotros y por qué lo adoramos. Jesús fue el segundo Adán, con la diferencia que nunca pecó y su obediencia no tuvo nada que ver con su divinidad, sino con su identidad de Hijo. La obediencia de Jesús fue la llave para la restauración de la adoración.

EL SALMISTA Y REY DAVID

La Biblia nos enseña en Apocalipsis 4:8, que los ángeles adoran *"día y noche"*. En 1 Crónicas 15:16, 25, se deja bien explícito que en el reinado del rey David en Jerusalén, que duró treinta y tres años, hubo una adoración constante. Esto hizo que el rey David tuviera libre acceso al tabernáculo de Dios, al cual en ese tiempo solo los sacerdotes podían entrar.

> **"LA OBEDIENCIA DE JESÚS FUE LA LLAVE PARA LA RESTAURACIÓN DE LA ADORACIÓN."**

David era un rey apasionado por su Creador y tenía un corazón *"conforme al de Dios"*. Cuando el rey fue a llevar el arca a Jerusalén se dice que lo hizo con danza y júbilo, pero también con ofrenda de amor y agradecimiento. La Biblia narra en 2 Samuel 6:13-14: *"Y cuando los que llevaban el arca de Dios habían andado seis pasos, él sacrificó un buey y un carnero engordado. Y David danzaba con toda su fuerza delante de Jehová; y estaba David vestido con un efod de lino"*. El versículo 20 dice que su adoración era tan extravagante que se quitó la ropa. Imagínese cómo llegó David a Jerusalén después de esta jornada; entró a la ciudad con mucho escándalo, lleno de sangre,

casi desnudo y con un grupo de músicos y danzores apasionados por la presencia de Dios.

La Biblia describe este evento de la siguiente manera: *"Y David y toda la casa de Israel danzaban delante de Jehová con toda clase de instrumentos de madera de haya; con arpas, salterios, panderos, flautas y címbalos". "Volvió luego David para bendecir su casa; y saliendo a recibir a David, dijo: ¡Cuan honrado ha quedado hoy el rey de Israel, descubriéndose hoy delante de las criadas de sus siervos, como se descubre sin decoro un cualquiera! Entonces David respondió a Mical: Fue delante de Jehová, quien me eligió en preferencia a tu padre y a toda tu casa, para constituirme por príncipe sobre el pueblo de Jehová, sobre Israel. Por tanto, danzaré delante de Jehová. Y aun me haré más vil que esta vez, y seré bajo a tus ojos; pero seré honrado delante de las criadas de quienes has hablado. Y Mical hija de Saúl nunca tuvo hijos hasta el día de su muerte"* (2 S. 6:5; 20-23).

Mical, la esposa de David, menospreció y criticó la manera en que David adoró a Dios. Los verdaderos adoradores no buscan el aplauso del hombre, sino la aprobación de Dios, es por eso que Él no siempre les cae bien a los que piensan en los deseos de la carne. Hoy en día no tenemos que hacer sacrificios de derramamiento de sangre como los que hizo David mientras llevaba el arca, pero sí derramamiento de corazones ya que vivimos bajo el nuevo pacto. El apóstol Pablo dice: *"... presentéis vuestros cuerpos en sacrificio vivo, santo, agradable a Dios..."* (Ro. 12:1).

Cuando Cristo murió en la cruz nos dio acceso al santuario celestial, pues no hizo una restauración parcial de las cosas como lo hizo David, sino una total: *"Después de esto volveré y reedificaré el tabernáculo de David, que está caído; y repararé sus ruinas, y lo volveré a levantar"* (Hch. 15:16). Debido a que Cristo cesó los sacrificios también nos dio el privilegio de estar constantemente en la presencia de Dios (Heb. 9:12). Los sacerdotes del Antiguo Testamento

entraban una vez al año (Heb. 9:7), pero nosotros tenemos acceso en todo momento (Ef. 3:11-12).

La danza es parte de la restauración de la adoración profética continua, como ocurrió en el tabernáculo del rey David. Cuando mencionamos a David, viene a nuestra mente el salmista, un rey que tenía muchas cualidades, pero la mayor de ellas era la adoración. Una de las cosas que hace la adoración es que la palabra profética fluya. Adoración es una palabra que sale del cielo. Nosotros somos el tabernáculo de Dios, nuestra adoración no se limita a un domingo, debe ser constante.

ADORACIÓN ES UNA PALABRA DE SALE DEL CIELO.

Hay una adoración que sale de nuestra boca porque fue puesta en nuestro espíritu por el Padre. Más adelante hablaré más detalladamente sobre esto, pero lo que ahora quiero resaltar es que cuando sabemos para qué fuimos creados, cuando conocemos los anhelos del Padre y nos ponemos de acuerdo con Él, eso es lo que cantamos, lo que danzamos y lo que profetizamos.

Mi adoración profética no proviene de mis anhelos u opiniones, sino directamente del corazón del Padre.

El adorador es uno de los canales que expresa lo que el Padre desea comunicarnos, y esto se manifiesta a través de las cuerdas vocales, los movimientos, la creatividad y de muchas otras maneras. Nuestra danza es una forma más de adorarle. Dios quiere celebración y quiere que su voz sea escuchada. Dios no solo tiene cuerdas vocales, también tiene manos y pies y se mueve como le

place en medio de su pueblo. No limitemos a Dios en la manera en que Él quiera moverse. Es tiempo de que experimente una danza profética, es tiempo de liberación, de paz y de sanidad de parte del Padre. Dios quiere danzar sobre usted, en medio de usted, en usted y para usted. ¡Déjelo, no lo limite, fuimos creados para adorarle!

OBSTÁCULOS PARA LA ADORACIÓN

uchos adoradores tienen tiempo sirviendo a Dios a través de las artes, pero no pueden avanzar y se frustran. Algunos se desaniman y hasta abandonan la congregación, otros se conforman y continúan un estilo de vida fingido por miedo al qué dirán, y otros todavía están buscando el quebrantamiento que los lanzará a su próximo nivel. La mayoría son personas fieles a Dios y tienen el corazón correcto, pero algo los detiene. Hay un sinnúmero de obstáculos que no les permiten adorar en libertad. Mucho de esto puede reconocerlo inmediatamente, mientras que otras cosas son "pequeñas zorras" que se acumulan. Si ha sentido que su adoración está siendo obstaculizada, hoy será el día en que podrá identificar y arrancar de su vida "las zorras pequeñas" para que ya no entorpezcan más su adoración a Dios. Hoy es el día de su quebrantamiento.

Estamos llamados a adorar en libertad, así que preste atención y pídale al Espíritu Santo que mientras lee este libro le muestre sus propios obstáculos. Estaré hablando de algunos detalladamente, pero hay una gran lista de otros: falta de amor, falta de perdón, falta de obediencia, falta de intimidad con Dios, vanidad, egoísmo, celos, envidia, el pasado, temor, inseguridad, rebeldía, el "yo", entre otros.

LA FALTA DE AMOR

"Si yo hablase lenguas humanas y angélicas, y no tengo amor, vengo a ser como metal que resuena, o címbalo que retiñe. Y si tuviese profecía, y entendiese todos los misterios y toda ciencia, y si tuviese toda la fe, de tal manera que trasladase los montes, y no tengo amor, nada soy. Y si repartiese todos mis bienes para dar de comer a los pobres, y si entregase mi cuerpo para ser quemado, y no tengo amor, de nada me sirve. El amor es sufrido, es benigno; el amor no tiene envidia, el amor no es jactancioso, no se envanece; no hace nada indebido, no busca lo suyo, no se irrita, no guarda rencor; no se goza de la injusticia, mas se goza de la verdad. Todo lo sufre, todo lo cree, todo lo espera, todo lo soporta. El amor nunca deja de ser; pero las profecías se acabarán, y cesarán las lenguas, y la ciencia

acabará. Porque en parte conocemos, y en parte profetizamos; mas cuando venga lo perfecto, entonces lo que es en parte se acabará. Cuando yo era niño, hablaba como niño, pensaba como niño, juzgaba como niño; mas cuando ya fui hombre, dejé lo que era de niño. Ahora vemos por espejo, oscuramente; mas entonces veremos cara a cara. Ahora conozco en parte; pero entonces conoceré como fui conocido. Y ahora permanecen la fe, la esperanza y el amor, estos tres; pero el mayor de ellos es el amor" (1 Co. 13:4-7).

> **SI NO TIENE AMOR DE NADA VALE QUE CONTINÚE SIRVIENDO EN ALGÚN MINISTERIO; NUESTRA ÚNICA MOTIVACIÓN Y MAYOR FUNDAMENTO DEBE SER EL AMOR.**

Hay un poder en el amor que le permite ADORAR en libertad sabiendo que cuando tiene a Dios y a su amor, lo tiene todo; y que cuando puede amar a los demás como Dios ama no hay limitaciones en cómo Él lo usará para bendecir a su pueblo. Antes de proseguir con esta lectura que cité más arriba, me gustaría que intente repetir 1 Corintios 13, pero poniendo su nombre frente a cada una de esas descripciones. Por ejemplo: Lucy es paciente, Lucy es bondadosa, Lucy no es envidiosa, jactanciosa, ni orgullosa... etc. De esta manera, dará cuenta de qué tan lejos o qué tan cerca está de amar como Él lo ama. En algún momento de nuestro caminar con Dios hemos servido por obligación o compromiso. Esto también es un gran obstáculo porque nunca tendremos manera de pagarle a Jesús por lo que Él hizo por nosotros.

Si no tiene amor de nada vale que continúe sirviendo en algún ministerio; nuestra única motivación y mayor fundamento debe ser el amor. Cuando no hay amor nada nos sale bien y aunque parezca que todo va bien y que estamos creciendo, tarde o temprano la falta de amor vendrá a relucir y nos cansaremos. La Biblia dice que cuando no tengo amor aunque *"... reparto todo lo que poseo y aun diera mi cuerpo para ser quemado de nada me sirve".*

Recuerdo que cuando Dios me llamó al liderazgo quería agradar tanto al hombre como a Dios con el ministerio, tal es así que se me olvidó el propósito del mismo. Muchas veces nos involucramos tanto en el ministerio que se nos olvida a quién servimos y lo que Él hizo en la cruz del calvario. Una persona consciente de esto no se limitará a darle afecto a los demás, sino que reconocerá que cada persona que encuentre es una creación de Dios y, por consiguiente, la amará y servirá.

Cuando Raquel, mi líder de danza, se mudó a Florida, quedamos sin ministerio por un lapso de tiempo ya que mis pastores no iban a confiarlo a cualquier persona. Más que talento se buscaba un corazón que entendiera el propósito del mismo y que fuera moldeable y confiable. Aunque yo no tenía experiencia previa, Dios le confirmó que yo era esa persona porque tenía muchos deseos de servirle adonde Él me llamara. Decidí honrar la confianza que ellos depositaron en mí para dirigir un ministerio que era tan importante para mí. Vale la pena resaltar que gracias a mi pastora Tere, que es la encargada de supervisar las artes a nivel pastoral, pude desatar todo lo que Dios había puesto en mí. Ella, con mucho cuidado y amor siempre nos ha animado a ser creativos y nos ha dado la confianza y libertad de crear sin limitaciones. Resalto esto porque la confianza y la libertad que nuestros pastores nos den para ser creativos afectará los resultados de nuestra misión

en cada proyecto. Estaré eternamente agradecida a esta mujer de Dios, a quien puedo llamar pastora, mentora y mamá.

Una vez que comencé a dirigir el ministerio compartía mis primeras enseñanzas bíblicas con buenas intenciones, aunque de manera fuerte y amenazante. Mi deseo era que los discípulos permanecieran firmes, que me honraran y que no pecaran; por lo tanto mis enseñanzas estaban enfocadas en el temor y no en el amor de Dios.

> **HONRE LO QUE ÉL PUSO EN SUS MANOS DE TAL MANERA QUE ENTIENDA QUE LO QUE ÉL LE ENTREGÓ ES LA HERRAMIENTA PARA ALCANZAR, RESTAURAR Y AMAR A SU PUEBLO.**

Lamentablemente, fui la última en enterarme de este gran error, comencé con quince discípulos en el grupo, pero el número fue disminuyendo hasta quedarme con una sola danzora. Esta amada y fiel mujer de Dios llamada Viviana era una de las más adultas. Ella tiene material para escribir un libro con todas las anécdotas de nuestro ministerio cuando Raquel lo dirigía. En varias ocasiones, Viviana sintió decirme de parte de Dios estas palabras: *"... ¿Me amas más que éstos? Le respondió: Sí, Señor; tú sabes que te amo. Él le dijo: Apacienta mis corderos. Volvió a decirle la segunda vez: Simón, hijo de Jonás, ¿me amas? Pedro le respondió: Sí, Señor; tú sabes que te amo. Le dijo: Pastorea mis ovejas. Le dijo la tercera vez: Simón, hijo de Jonás, ¿me amas? Pedro se entristeció de que le dijese la tercera vez: ¿Me amas? y le respondió: Señor, tú lo sabes todo; tú sabes que te amo. Jesús le dijo: Apacienta mis ovejas"* (Jn. 21:15b-17).

No fue hasta que perdí a mis primeros discípulos que entendí lo que el Señor trataba de decirme. El error que cometí fue empezar a amar más al ministerio que a la gente que lo integraba. Con esto no le digo que deje de honrar lo que Dios pone en sus manos por complacer a la gente, sino que honre lo que Él puso en sus manos de tal manera que entienda que lo que Él le entregó es la herramienta para alcanzar, restaurar y amar a su pueblo.

Sin el amor no podrá ver nada moverse efectivamente; porque si no hay amor, tampoco está Dios. Se sentirá frustrado y sin fuerzas para seguir adelante porque todo lo que haga será con su voluntad y no con su espíritu. El amor es la fuente para todo lo que hacemos, sin ninguna excepción. Dios es amor y este debe ser el motor de sus decisiones.

> **EL AMOR ES LA FUENTE PARA TODO LO QUE HACEMOS, SIN NINGUNA EXCEPCIÓN. DIOS ES AMOR Y ESTE DEBE SER EL MOTOR DE SUS DECISIONES.**

EL TEMOR

El temor ha paralizado a millones de personas a ser quienes Dios dijo que serían. Es una de las mayores razones por las que un hijo de Dios con clara identidad, aun no es usado en su totalidad para transformar a otros.

Josafat era un rey que transformó la atmósfera espiritual y trajo una reforma a Israel. A Josafat le llegó la noticia de que sus enemigos eran más poderosos que él y sus soldados. Cuando supo que el número de los enemigos excedían a los suyos se llenó de

temor, pero no se sentó a lamentarse, sino que reunió a los sacerdotes y al pueblo y reaccionó con ayuno y oración: *"Entonces él tuvo temor; y Josafat humilló su rostro para consultar a Jehová, e hizo pregonar ayuno a todo Judá [...] Y dijo: Oíd, Judá todo, y vosotros moradores de Jerusalén, y tú, rey Josafat. Jehová os dice así: No temáis ni os amedrentéis delante de esta multitud tan grande, porque no es vuestra la guerra, sino de Dios. Mañana descenderéis contra ellos; he aquí que ellos subirán por la cuesta de Sis, y los hallaréis junto al arroyo, antes del desierto de Jeruel. No habrá para qué peleéis vosotros en este caso; paraos, estad quietos, y ved la salvación de Jehová con vosotros. Oh Judá y Jerusalén, no temáis ni desmayéis; salid mañana contra ellos, porque Jehová estará con vosotros. Entonces Josafat se inclinó rostro a tierra, y asimismo todo Judá y los moradores de Jerusalén se postraron delante de Jehová, y adoraron a Jehová. Y se levantaron los levitas de los hijos de Coat y de los hijos de Coré, para alabar a Jehová el Dios de Israel con fuerte y alta voz. Y cuando se levantaron por la mañana, salieron al desierto de Tecoa. Y mientras ellos salían, Josafat, estando en pie, dijo: Oídme, Judá y moradores de Jerusalén. Creed en Jehová vuestro Dios, y estaréis seguros; creed a sus profetas, y seréis prosperados. Y habido consejo con el pueblo, puso a algunos que cantasen y alabasen a Jehová, vestidos de ornamentos sagrados, mientras salía la gente armada, y que dijesen: Glorificad a Jehová, porque su misericordia es para siempre. Y cuando comenzaron a entonar cantos de alabanza, Jehová puso contra los hijos de Amón, de Moab y del monte de Seir, las emboscadas de ellos mismos que venían contra Judá, y se mataron los unos a los otros"* (2 Cr. 20:3, 15-22).

¿Puede imaginarse esa multitud de personas obedeciendo las instrucciones que recibieron de Dios durante ese ayuno? Oraron y ayunaron, y después Josafat recibió instrucciones de parte de Dios para enviar a sus músicos delante del pueblo. Esto hizo que los enemigos entraran en confusión y se mataran entre sí. Imagínese

esta escena: los enemigos llegaban con espadas, escudos y aparatos para lanzar flechas. Iban a enfrentarse al mayor imperio de la época, este ejército enemigo venía de Asiria y había arrasado con todos los reinos que encontraban en el camino. ¿Qué haría si vinieran a matarlo a usted y a su familia, y Dios le dijera que su arma es la alabanza, mientras ve que sus enemigos traen ametralladoras y tanques de guerra? De seguro, no usaría su arma, sino que saldría corriendo o se rendiría ante los enemigos de Dios. Pero ellos decidieron creerle a Dios. ¡Tremendo acto de FE! Esto es confiar poniendo todo temor a un lado. Todos los enemigos de Josafat murieron y él tan solo fue a recoger el botín. Esto es lo que pasa cuando confiamos en el poder de Dios, Él pelea por nosotros y nuestro trabajo consiste solo en recoger la recompensa. Si Dios le ha dicho que tiene que cruzar, confíe en que Él ya tiene todo listo del otro lado. Sea obediente, ponga su temor a un lado y deje que Él lo active para transformar millones de vidas que necesitan conocer a Jesús.

Lo contrario al temor es el amor. La Biblia dice: *"En el amor no hay temor, sino que el perfecto amor echa fuera el temor, porque el temor lleva en sí castigo. De donde el que teme, no ha sido perfeccionado en el amor"* (1 Jn. 4:18). *"El que no ama, no ha conocido a Dios; porque Dios es amor"* (1 Jn. 4:8).

LO QUE ESCUCHA

"Si puede controlar lo que escuchan nuestros jóvenes podrá controlar sus valores, sus pensamientos y su teología" (Marcos Barrientos).

Las preguntas que deberíamos hacernos son: ¿Qué estamos cantando en la iglesia que está formando y moldeando la teología de nuestros jóvenes? ¿Cuánto tiempo se predica en la iglesia y cuánto se canta? Es importante evaluar lo que cantamos y escuchamos.

Ahora le hablo a los adoradores y de todo el corazón les aconsejo que cuiden lo que escuchan y que llenen su espíritu de lo que los acerca más al Espíritu Santo. La música tiene poder para bien o para mal, para vida o para muerte.

Como cristianos creemos mucho en el poder de la boca. Lo que diga su boca eso está declarando sobre su vida. Pero cuando viene el tema de la música secular comenzamos a dudar si esto viene de Dios o no. Pero así como la lengua tiene poder, también lo tiene la música que penetra en el subconsciente. La música secular, con palabras obscenas y mensajes desviados, lo acerca más al mundo, a su carne y a Satanás; dicho de otro modo, a los enemigos del cristiano. Pero la música cristiana, en su mayoría lo acerca más a Dios. En mi caso, así como la adoración eventualmente me guía a la presencia de Dios, lo secular eventualmente me aleja. Me refiero a aquellos adoradores que tienen por costumbre escuchar y celebrar cualquier tipo de música, creyendo que esta eventualmente no va a afectarles.

En mi vida la música tiene gran influencia, no solo el ritmo, sino también las letras. No estoy en contra de las canciones seculares que tienen un buen mensaje, siempre y cuando se usen en el momento adecuado. Por ejemplo, un matrimonio que escucha una canción de amor para una ocasión adecuada alimenta su relación, por el contrario a un soltero o a una pareja de novios esa misma canción puede llevarlos al pecado. El apóstol Pablo dice: *"Todo me es lícito pero no todo conviene, todo me es lícito, pero no todo edifica"* (1 Co. 10:23).

De la misma forma, hemos usado música secular en algunas obras teatrales o presentaciones especiales, ya sea para interpretar lo que está ocurriendo en el mundo espiritual negativamente o simplemente porque la canción aunque no hable de Dios es edificante e inspiradora. Con esto quiero decir que no toda música

que no hable de Dios sea del diablo. Igualmente, no toda música escrita para Dios es edificante para mi espíritu. Hay música cristiana que en vez de edificarme, me deprime porque solo afecta mis emociones. O sea, que el enfoque he sido yo y mi problema, en vez de estar puesto en Dios. Toda alabanza o adoración debe guiarnos hacia un solo lugar y ese lugar es la presencia de Dios. Seamos selectivos con todo tipo de música tanto secular como cristiana.

No necesariamente es pecado escuchar música secular si tiene en cuenta que usted elige qué naturaleza quiere alimentar. Un ejemplo claro es este: si tiene dos perros y los está preparando para que peleen en un mes, es claro que el perro que más alimente será el ganador. Es decir, cada mañana debo levantarme conscientemente de que tengo una carne y un espíritu. Si alimento mi carne esta será la que dirigirá mi día, y si alimento mi espíritu sucederá lo mismo.

No sé usted, pero yo en la carne soy una persona horrible, egocéntrica, mal hablada, vanidosa y con todos los defectos que pueda imaginarse. Necesito a Jesús y para eso debo alimentar mi espíritu, para que la concupiscencia no me venza.

Es igual en el caso de la música, esta es muy importante ya que la fe viene por el oír. La fe es algo muy poderoso y entra por los oídos; y yo le pregunto: ¿qué más entra por su oído? Es una decisión personal dejar de escuchar música secular, ya que no hay ninguna ley bíblica que prohíba hacerlo, aunque creo que un adorador debe tomar una decisión sabia, pues eso le evitará dejar atrás todo lo que ha comenzado a vivir con su espíritu.

Le invito a unirse al grupo que decidimos que nuestras computadoras, celulares, tablets y radios estén llenas solo de música edificante para nuestro espíritu.

Le dejo este pensamiento:

Cuando canta o danza para el hombre,

hasta el diablo responde con aplausos.

Cuando canta o danza para Dios,

el Espíritu Santo desciende,

su Reino se establece

y se manifiestan los milagros.

¡Usted decide!

LA CRÍTICA Y LA TRAICIÓN

CRÍTICA

Uno de los dardos que el enemigo utilizará para alejarlo de su propósito es la crítica; **pero cuando las personas a su alrededor critican su pasión, dedicación y entrega al ministerio, es porque no saben el sacrificio, la obediencia, el proceso y los tiempos de soledad por los que ha atravesado.**

Cuando hace lo correcto y se somete a un proceso de cambio, la gloria de Dios se verá en su carácter y se levantará contra usted un espíritu de celo, el mejor amigo de la envidia.

Humíllese, mantenga sus ojos en Dios y seguirá recibiendo su amor, perdón, gozo y misericordia, los cuales lo llevarán a un mayor nivel de favor, unción, revelación y gracia. Si obedece, no tendrá que abrir su boca porque Él se levantará como poderoso gigante y los frutos serán las señales de quien lo llamó.

La crítica es mi pan de cada día. Venga, siéntese en la mesa conmigo y disfrute de cada crítica. Aprenda a guardar su corazón y a recibir las críticas constructivas, o no tan constructivas, y cuando aprenda a hacerlo eso le servirá como un escalón para alcanzar su próximo nivel.

TRAICIÓN

Ame y bendiga a su "Judas", porque hasta a su "Judas" Dios lo usará para que encaminarlo hacia su destino profético. A Jesús no le sorprendió la traición de Judas porque la intimidad que tenía con el Padre le permitió ver que este hombre era parte del cumplimiento que debía ocurrir: LA CRUZ.

Aquello con lo que el diablo quizás ha querido destruirlo, será su mayor herramienta de destrucción para él. Deje de llorar y de lamentarse si tiene un "Judas" que lo traicionó. PERDONE y revise si su intimidad con el Padre ha disminuido.

Si dice que ama como Jesús (amor ágape), entonces debe amar aun a los "Judas" de su vida y bendecirlos cada vez que tenga la oportunidad de hacerlo (Lc. 22:21). Cuando aprenda a hacer esto, entonces estará adorando como adoró Jesús al Padre mientras estuvo aquí en la Tierra.

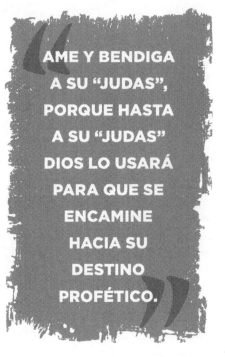

> AME Y BENDIGA A SU "JUDAS", PORQUE HASTA A SU "JUDAS" DIOS LO USARÁ PARA QUE SE ENCAMINE HACIA SU DESTINO PROFÉTICO.

FALTA DE IDENTIDAD

No pierda la esencia de quién es al tratar de ser quien Dios no lo llamó a ser. Cuando se compara con los demás empieza a competir y pierde la esencia de su diseño original. Solo usted puedes cumplir ese llamado.

En el capítulo 8 titulado "El lenguaje del Reino" leerá más acerca de la identidad.

FALTA DE FE

Estar lleno de la gloria de Dios sin activarla es semejante a un carro lleno de gasolina estacionado en su garaje. La gloria de Dios está dentro de usted y por fe puede ponerla en acción. Esta fe en acción se convertirá en un mensajero activado que sabe dejar que el Espíritu Santo lo use para manifestar su poder en la Tierra. *"Es, pues, la fe la certeza de lo que se espera, la convicción de lo que no se ve"* (Heb. 11:1). El evangelista George Mueller dijo: "La fe no opera en el plano de lo posible. No hay gloria para Dios en aquello que es humanamente posible. La fe comienza donde el poder del hombre termina".

FALTA DE SANIDAD INTERIOR

Una mañana, al acariciar el rostro de mi niña Juliette que apenas tiene 6 años, vino a mi mente un recuerdo de mi niñez. Juliette lucía tan preciosa con su piel morena, su pelo recogido, su uniforme azul y blanco de la escuela; su rostro lucía feliz y lleno de paz. A la edad de 6 años yo me veía como Juliette, con la diferencia de que cargaba con una gran tristeza en mi corazón por sentirme abandonada por mis padres. A esa edad, mi padre ya nos había abandonado por otra mujer y mi madre había decidido irse a Estados Unidos a buscar un mejor futuro para sus tres hijos. Lamentablemente, a los 6 años no podía diferenciar las razones de la ausencia de mis padres, solo sabía que estaban ausentes y sentía odio, tristeza y abandono. Antes de despedir a Juliette para que se fuera a la escuela, le expresé que era muy privilegiada de tener a sus dos padres con ella.

Es posible que esté escribiendo esto para alguien que ha pasado por la misma situación que yo, y también haya experimentado el abandono a una edad muy temprana. Hay momentos tristes en nuestras vidas que ponemos en el closet del olvido y preferimos creer que nunca ocurrieron, sin entender la importancia de sacarlos a la luz para vivir una vida realmente libre. Algunos tuvimos padres ausentes y otros, aunque viven con ellos, es como si no estuvieran en casa. La vida nos presenta momentos difíciles a todos, siempre habrá una historia que marcará en su vida un antes y un después, pero es nuestra responsabilidad saber qué hacer con ella. Puede quedarse lamentando lo que le pasó o puede dejar esa historia atrás y aceptar el propósito de Dios. Es tiempo de olvidar su pasado, vivir su presente y saborear su futuro. Las personas solemos comparar la relación de nuestros padres con la relación con Dios, esta es la razón por la que solo disfrutaremos de una relación saludable con Dios cuando podamos dejar atrás las heridas del pasado. El mejor doctor es el Espíritu Santo; deje que Él lo sane para poder servir en libertad.

> **EL MEJOR DOCTOR ES EL ESPÍRITU SANTO; DEJE QUE ÉL LO SANE PARA PODER SERVIR EN LIBERTAD.**

EL CARÁCTER NO PROCESADO

He mencionado que las artes, especialmente la danza, fue lo que me motivó a acercarme al camino del Señor, pero no solo debo agradecer a este ministerio; sino también al hecho de que a través del mismo Dios me ayudó a sobrellevar los obstáculos y

dificultades de mis inicios. Dios usó el hecho de que me gustaran la fiesta y el baile para que yo encontrara un lugar en su Reino, esto parece contradictorio, pero no podemos negar que tanto en el Reino como fuera de él las personas aceptan más lo conocido que lo desconocido para identificarse o adaptarse a otro círculo.

Sentía que pertenecía a la danza desde el principio. Aun cuando encontremos en la iglesia un ministerio que llame nuestra atención, no todo será color de rosa, pero Dios usará esa herramienta para moldear y confrontar nuestro carácter.

En muchas ocasiones me sentí rechazada, sola, incomprendida, confrontada y decepcionada; esto es normal ya que cuando llegamos al camino de Dios tenemos muchos defectos y heridas en el alma. En mi caso, la falta de identidad, los temores, la desconfianza y el rechazo eran los mayores problemas. A pesar de que yo traía todo esto encontré apoyo incondicional en mis líderes. Esto mismo puede estar pasando con usted: llegó a la iglesia con muchas ilusiones, pero en su camino pareciera que todos se pusieron de acuerdo para truncar su futuro y destruir su propósito. Es en ese momento cuando surgen las heridas del pasado y dejamos a un lado los propósitos de Dios para nuestra vida, olvidándonos lo que dice la Biblia: *"Y sabemos que los que aman a Dios, todas las cosas les ayudan a bien, esto es, a los que conforme a su propósito son llamados"* (Ro. 8:28).

En ese tiempo es muy importante que mantenga sus ojos puestos en Dios y no en los hombres, porque detrás de cada prueba, si pasa el proceso; hay otro nivel.

Cuando pase por el proceso del quebrantamiento será removido de los lugares cómodos, se sentirá rechazado, calumniado y hasta pisoteado, llorará y no entenderá. Si esta es su actual experiencia tiene dos opciones: quedarse donde está o mantenerse firme y en obediencia y buscar Su rostro como nunca.

El proceso será inevitable para aquellos que son llamados a cambiar la historia. No podrán acortar el proceso, pero sí alargarlo. Lo animo a que dé un paso al frente y cruce al otro lado. No importa qué tanto talento tenga, cuando en su vida no hay carácter todo lo que crea que pueda hacer para "avanzar" estará creando un hoyo que eventualmente será para enterrarlo a usted mismo.

Si es obediente y se sujeta a sus líderes verá que aunque el proceso duela, en un futuro no muy lejano podrá ver los frutos y agradecerá que alguien (ordenado por Dios) se haya sentido interesado en ayudarlo y formarlo.

En un momento, Jesús también sintió que el proceso era molesto y le pidió al Padre "mover esa copa", sin embargo, al escuchar al Padre decir que ese era el camino, dijo: *"Hágase tu voluntad y no la mía".* Así de incómodo es este proceso de formación; habrá un momento en que su líder siempre estará sobre usted para supervisar cada detalle, y otros momentos en los que él lo dejará actuar con menos supervisión, según vaya madurando.

Dios tiene grandes propósitos con todos sus hijos, y siempre se harán realidad porque son de Dios. Sus promesas para su vida son inigualables, pero cuando usted trate de empujar o manipular su propia barca, no importa todo lo que haga o cuánto "éxito" pueda tener, quedará totalmente desligado de la voluntad de Dios para su vida.

Si el corazón está orientado correctamente, la adoración entonces será correcta. Pero si el corazón está contaminado y es rebelde, la adoración será rechazada en el cielo y en vano adora.

No podemos trabajar para Dios y pensar que Satanás se quedará con los brazos cruzados, él actuará y pondrá obstáculos en el camino para que no pueda llegar a la meta, pero depende de usted dejar que el enemigo le quite aquello que Dios ya le dio.

Hemos tratado de identificar cada obstáculo para que pueda trabajar en ellos y, de esa manera, pedirle al Espíritu Santo que lo guíe en el camino para avanzar a su próximo escalón.

ADORACIÓN COMO
ESTILO DE VIDA

Me llevó un gran tiempo vivir la revelación de lo que es realmente adorar. Esto ocurrió como resultado de una temporada en la cual estuve tan ocupada en el servicio a Dios, que este (el servicio) se convirtió en un dios. Comencé la vida cristiana tan agradecida por lo que Dios había hecho por mí, que mi adoración se desvió cuando comencé a complacer a todos los que me rodeaban y descuidé mi intimidad con el Espíritu Santo.

Debido a esto estuve a punto de perder mi matrimonio, el ministerio, mi casa y mis hijas. Fue muy difícil para mí, pero a pesar de que este proceso me tuvo al borde de la muerte espiritual pude entrar a otro nivel de mi relación con el Creador. A continuación compartiré un escrito sobre lo que es realmente la adoración, algo que aprendí durante este fuerte proceso que atravesé.

¿QUÉ ES ADORAR?

❀ Adorar es abandonar todo lo de Dios cuando está cansado, y volver a retomarlo porque sabe que sin Él la vida no tiene sentido.

❀ Adorar es descubrir que su carne quiere despertar "el viejo hombre" que hay en usted, pero elige creer que es quien Dios dice que es y caminar como tal.

❀ Adorar es aprender a depender de Dios y saber que Él es más que suficiente.

❀ Adorar es entregarse en cuerpo y alma sabiendo que en Dios está seguro.

❀ Adorar es caminar con los ojos vendados sin saber para dónde va, pero con la certeza de que Dios lo está guiando.

❀ Adorar es tomar su posición de hijo o hija, de padre o madre, de esposa o esposo, y amar ese título, haciéndolo con la misma excelencia que hace las otras cosas que ama hacer para Dios.

❀ Adorar es ofrecer sacrificio de alabanza.

- Adorar es empeñarse en hacer feliz a los que lo rodean, aunque esto le pueda costar su propia felicidad.

- Adorar es perdonar y perdonarse.

- Adorar es amar, sufrir, creer, esperar, soportar.

- Adorar es amarse a sí mismo y amar a su prójimo de la misma manera.

- Adorar es levantar a otro, aunque le cueste su propia caída.

- Adorar es olvidar el pasado, vivir el presente y soñar con el futuro que Dios ya planificó para usted.

- Adorar no es un sentimiento.

- Adorar es un verbo.

- Adorar es una acción.

- Adorar es un estilo de vida.

- Adorar es morir sabiendo que *"... el vivir es Cristo, y el morir es ganancia"* (Flp. 1:21).

La adoración es todo lo que usted hace en todo momento. Es todo lo que le da gloria a Dios. Es obedecer su Palabra, es un estilo de vida que sólo busca agradar a nuestro Padre celestial.

Algunas personas piensan que la adoración es algo que solo hacemos dentro de una iglesia o en un culto a solas; pero la adoración no tiene nada que ver con el lugar donde estamos, con levantar las manos, saltar o danzar; estas son simplemente manifestaciones de nuestra adoración a Dios. La adoración es una postura del corazón, pues una persona puede estar haciendo todo esto y no estar adorando. **Una persona que danza, canta, pinta, escribe, toca un instrumento o se expresa de la forma que quiere durante un tiempo de adoración en un culto, pero no esté viviendo esto fuera de un púlpito, no debe ser llamado "adorador".**

Cuando escuchamos la palabra "adoración" siempre la relacionamos con la música. Algunos, hasta hemos creído que la adoración es la música suave y la alabanza es el música rápida de los cultos del domingo. Tal definición ha limitado nuestra adoración y, por ende, ha limitado conocer el máximo potencial que tenemos por ser hijos de Dios.

ADORE CON SU MENTE, CUERPO Y ESPÍRITU

Por varios años dancé en disconformidad porque sabía que había más. Mi líder de danza de ese entonces siempre nos decía que debíamos buscar la presencia de Dios hasta ver manifestaciones de liberación, sanidad, salvación y milagros. Yo había vivido parte de esto en mi vida, pero era muy inmadura para identificar que era producto de la adoración a través de la danza.

Corazón. A otros, como también a mí, nos gusta adorar por agradecimiento y entregar todo nuestro corazón mientras lo hacemos. Los primeros años adoré a Dios con todo mi corazón hasta que un día me di cuenta de que hacía falta algo más en mi adoración.

Adorar a Dios con nuestro corazón es hermoso, pero hay que tener cuidado de no dejarnos engañar por los sentimientos, pues la Biblia dice que *"Engañoso es el corazón más que todas las cosas..."* (Jer. 17:9). De modo que no podía depender de mis sentimientos hacia Dios porque varían de acuerdo a las circunstancias. A veces uno se levanta sintiendo que no tiene nada que agradecerle a Dios, pues los problemas tienen el poder de nublar lo que sentimos por Él.

Mente y cuerpo. Como adoradora tenía muchas luchas en mi mente, en especial pensamientos que me llegaban mientras danzaba. Luchaba con sentimientos de inferioridad, temores, rechazo, dudas, falta de conocimiento de la Palabra, y un sinfín de cosas

que querían impedir que mi danza mostrara la adoración a Dios. Por mi mente pasaban pensamientos como: "me están mirando", "no sé hacerlo," "voy a olvidarme la coreografía", "¿estoy ungida o no?". Otra lucha era la falta de entrenamiento físico. Había muchas cosas en mi mente, pero mi cuerpo no podía ejecutarlas porque no tenía ningún entrenamiento. Repetía lo que el líder hacía, pero no había una conexión como la podía tener cuando no estaba ministrando. Me di cuenta de que mi mente no me permitía adorarlo en total libertad porque, aunque no quería, me enfocaba en las personas que me miraban o en los siguientes movimientos, y no total y únicamente en Dios.

En Romanos 12:1-2, Pablo dice: *"Así que, hermanos, os ruego por las misericordias de Dios, que presentéis vuestros cuerpos en sacrificio vivo, santo, agradable a Dios, que es vuestro culto racional. No os conforméis a este siglo, sino transformaos por medio de la renovación de vuestro entendimiento, para que comprobéis cuál sea la buena voluntad de Dios, agradable y perfecta".*

Fue después de un tiempo en la adoración que entendí que tenía que dejar que Dios transformara mi mente y la alineara al entendimiento de Dios para poder tener una función efectiva como adoradora. Comencé a adorar con inteligencia, según lo aprendido en el Salmo 47:7: *"Porque Dios es el Rey de toda la tierra; cantad con inteligencia".*

Espíritu. Nuestro espíritu es la fuente que nos conecta con lo sobrenatural. Dios es espíritu y nosotros fuimos creados también con un espíritu. La mayoría de las personas al nacer son ignorantes al poder del mundo espiritual. Ignoramos que nuestras decisiones están basadas en lo espiritual y que afectan todo nuestro ser. Este mundo espiritual puede acercarnos como también alejarnos de los propósitos de Dios, pues están los espíritus malos y también el Espíritu Santo. Todo depende de cuál de ellos dejemos que nos

afecte. En este escrito me refiero al espíritu del hombre que como adoradores debemos aprender a alimentar con la Palabra de Dios, la oración, la adoración, la alabanza, el ayuno, etc.

Mi adoración alcanzó otro nivel de conexión con el Altísimo cuando empecé a conectar mi espíritu con el Espíritu Santo, cuando aprendí a expresarle a Dios lo que sentía y, al mismo tiempo a dejar que Dios me expresara lo que sentía por mí. La comparación más cercana a este tipo de danza es la oración. Aunque la danza no tiene palabras audibles es una conversación y, en ocasiones, no solo es entre Dios y usted, sino que Él también puede enviar mensajes a su pueblo, tal como lo hace con un profeta a través de sus cuerdas vocales. De esta manera, se introdujo a mi vida lo que llamamos la "Danza Profética", algo que algunos identifican como "Danza en el Espíritu".

Después de esta activación, y la llamo "activación" porque eran dones que el Espíritu ya había puesto en mí, tuve que dar pasos osados de fe para que empezaran a manifestarse. (Más adelante hablaré más acerca de cómo activarlos). Mi adoración ya no era solo con mi mente ni con mi corazón, también era con mi espíritu.

Entendí que lo que hacía era más que danzar. Era un total despojamiento del "yo" para que el Espíritu Santo tomara y usara nuestro cuerpo como vaso útil para ministrar a un pueblo necesitado y hambriento. Nuestra posición como adoradores consiste en abrir caminos, romper paredes para que la presencia de Dios se manifieste y usar nuestros cuerpos como canales de bendición para traer el cielo a la Tierra. Esto solo se logra con una adoración en el espíritu.

Adorar con nuestro cuerpo, alma y espíritu es la expresión de entregarnos a Dios por completo con lo que hacemos. Muchas personas pueden cantar, danzar, orar, alabar con todo su ser, pero si no mantienen una conexión con el Espíritu Santo, la adoración será

limitada y por ende no producirá su máximo efecto en sus vidas. En otras palabras, cuando todas las facultades con las que Dios lo creó están en actitud de adoración, el entendimiento es mayor y los resultados son eternos. Con este tipo de adoración ponemos en acción lo que dijo Jesús en Mateo 22:37-38: "... *Amarás al Señor tu Dios con todo tu corazón, y con toda tu alma, y con toda tu mente. Este es el primero y grande mandamiento*".

VIVIR EN ESPÍRITU Y EN VERDAD

Basado en lo que expresé anteriormente, todos tenemos acceso al mundo espiritual mientras adoramos, y tal adoración provoca la presencia de Dios (Hch. 4:24,31; Sal. 22:3). Cuando adoramos en espíritu, esta adoración es transformadora porque conectamos nuestro espíritu con el Espíritu Santo y este nos permite recibir en intimidad el ADN del Padre.

Nuestra adoración en verdad permite que mantengamos un cuerpo (vaso) limpio para que el Espíritu Santo tenga un templo y se manifieste cuando adoramos en lo natural. Si estamos de acuerdo con que la adoración es un estilo de vida, qué mejor modelo a seguir que Jesús, quien a través de su obediencia nos mostró el mejor ejemplo de adoración.

Recuerde que el amor al Padre y a la humanidad fue lo que motivó a Jesús para hacer todo esto. La Biblia dice que Jesús siendo igual a Dios no se aferró a esto, sino que se despojó humillándose hasta la muerte y muerte de cruz (Flp. 2:6-8). Si seguimos el corazón de Jesús, todo lo que hacemos para Dios comienza y termina en una palabra: amor. Cuando no hay amor todos nuestros actos son inservibles (1 Co. 13:1).

El amor le da significado a todo lo que hacemos, pero también hace que sea de mayor excelencia, porque la Biblia dice: "*El amor*

es sufrido, es benigno; el amor no tiene envidia, el amor no es jactancioso, no se envanece; no hace nada indebido, no busca lo suyo, no se irrita, no guarda rencor; no se goza de la injusticia, mas se goza de la verdad. Todo lo sufre, todo lo cree, todo lo espera, todo lo soporta" (vv. 4-7).

Dios busca adoradores *"en espíritu y en verdad"* (Jn. 4:23) dispuestos a servir en todo momento, a humillarse ante los amigos y enemigos, obedientes de corazón y dispuestos a morir a sus deseos y al "yo". Los verdaderos adoradores están dispuestos a servir en obediencia a Dios de todo corazón. *"El que tiene mis mandamientos, y los guarda, ése es el que me ama..."* (Jn. 14:21).

ADORACIÓN EXTERNA

Aunque la actitud de la adoración es interna debe haber una postura externa por igual. Lo que quiero decir es que lo que las personas manifiestan, eso sienten. Aunque entiendo que hay muchas creencias que hacen que los cristianos no adoren a Dios en libertad, bien sabemos que esto no debería ser así, ya que las manifestaciones de las emociones, sean negativas o positivas, pueden ser interpretadas por nuestras acciones, movimientos y posturas faciales. Un ejemplo bien práctico es que si usted dice con sus labios lo feliz que está y lo mucho que ama a Dios, pero su rostro o postura física indican todo lo contrario, es dudoso creer que en verdad siente lo que está diciendo.

La postura exterior de adoración es muy importante y esencial en todo adorador, pero en especial para el que practica la danza, pues esta debe exteriorizar el mensaje claramente con cada expresión corporal. Estas expresiones no solo muestran libertad, sino que son contagiosas y afectan a aquellos que aún no se han decidido a adorar con todo su ser.

Recuerdo una ocasión en la que estaba furiosa con mi líder. Ese domingo decidí no adorar a Dios durante el culto. Llegué muy enojada a la iglesia y mientras tenía mis brazos cruzados comenzó el tiempo de alabanza y adoración. La primera canción fue un "éxito" porque no adoré, pero mientras todos lo hacían, más deseos tenía de adorar. En frente de mí estaba un joven de piel morena que adoraba a Dios con sus manos extendidas al cielo, pero no era un gesto normal, él levantaba sus manos con todo su ser. Este movimiento expresivo tan simple, como levantar sus manos, activó en mí una adoración sincera y de arrepentimiento por lo que estaba ocurriendo en mi mente y en mi corazón contra mi líder.

Nuestra adoración externa nos ayuda a provocar y acceder al mundo espiritual.

Cuando el rey David llevaba el arca de Dios hacia Jerusalén, las mujeres danzaban, los músicos tocaban y él se unió a lo mismo. La Biblia dice que no solo danzó con todas sus fuerzas, sino que se quitó la ropa. David tomó una postura que no era la acostumbrada para un rey. Siempre hablamos de David y de la forma extravagante de adorar a Dios que él tenía, pero casi nunca pensamos en el porqué. David, aunque era rey, reconocía que primero era hijo, esta fue la razón por la que al darle su adoración a Dios decidió hacerlo como cualquier plebeyo del reino y no como un rey. En esto aprendemos una gran lección: su adoración no tenía nada que ver con su título, sino con un hijo agradecido que sabía quién lo había llamado y le había dado el reinado.

Hoy la experiencia no siempre es la misma, muchas personas en el momento de la adoración no se unen, sino que se mantienen indiferentes sentados en sus lugares. Esto puede ser por diferentes razones tales como su estatus, su posición, orgullo, títulos y otras cuestiones parecidas. Dios busca adoradores a los que no les importe la posición, ni su liderazgo. Busca hombres y mujeres que

sepan que ese es un momento de agradecimiento a Dios y que si el Espíritu Santo no está en la iglesia o en el servicio todo lo que se hace no tiene razón de ser.

Es muy importante reconocer que la falta de una postura de adoración le pone limitaciones a lo que el Espíritu quiere hacer en el servicio. Nadie se mantiene indiferente cuando está frente a una persona importante. A quienes no le dan importancia a las expresiones externas en la adoración me gustaría preguntarles: ¿Cómo recibirían al presidente de una nación? ¿Se quedarían testeando? ¿Se mantendrían sentados como si nadie hubiera llegado? Estoy segura que no; y mayor importancia y prioridad debemos darle a la presencia del Padre. Durante la adoración en los servicios, en la casa o durante cualquier otra actividad debemos adorar al Padre con gozo y sin reservas.

Cuando hablo de la postura externa me refiero a brincar, batir las manos, aplaudir, gritar, cantar, inclinar el rostro, levantar o extender las manos, arrodillarse, postrarse sobre el rostro, hacer silencio y muchas otras cosas que usted puede añadir a esta lista. Estas expresiones externas las hacemos tanto en el tiempo de la alabanza como en el de la adoración.

Alabanza. La palabra "alabanza" viene del hebreo *halal* que significa: halagar, elogiar, piropear, celebrar, gritar de gozo, acción de gracias, expresión de agradecimiento, hablar bien de, agradecer, clamar en voz audible.

En el Salmo 113:1-4 la Palabra de Dios dice: *"Alabad, siervos de Jehová, alabad el nombre de Jehová. Sea el nombre de Jehová bendito desde ahora y para siempre. Desde el nacimiento del sol hasta donde se pone, sea alabado el nombre de Jehová. Excelso sobre todas las naciones es Jehová, sobre los cielos su gloria".*

Es importante que entremos a la presencia de Dios en alabanza, con júbilo y agradecimiento. Cuando recordamos sus beneficios,

de dónde nos sacó y hacia dónde vamos, podemos mirar hacia la cruz y reconocer que todo es gracias a Él. La Palabra nos dice en el Salmo 100:4, que entremos a la presencia de Dios con acción de gracias. Si nos acostumbramos a hacer esto cada vez que adoramos es casi seguro que los portales del cielo se abrirán.

Como ministros de danza es muy fácil distraernos y hacer las cosas por costumbre, pero si mantenemos nuestros ojos en la cruz y un corazón agradecido que escuche la voz de Dios, mantendremos una alabanza fresca y con poder. La alabanza es más que abrir la boca para exaltar a Dios, es tener una actitud de agradecimiento y saber que Dios se mueve en la alabanza de su pueblo.

Muchas veces, en los servicios de la iglesia los adoradores vienen pre-programados con lo que ya ensayaron, de modo que no le dan lugar al Espíritu Santo para moverse en la adoración profética. Imagínese que usted se arregla toda la semana para tener una buena cita con su pareja, pero cuando llega el momento, le dice que se acabó el tiempo y no le da importancia a su llegada. Esto es lo mismo que sucede en las iglesias con el Espíritu. Estamos tan programados con lo aprendido, con el tiempo, las costumbres, los ensayos y los cambios de horarios que no le damos espacio al Espíritu Santo para manifestarse a su pueblo en el servicio. Con esta acción lo contristamos y nos perdemos el avivamiento que tanto deseamos. Nunca olvide que la reunión de la iglesia es solo el anfitrión del Espíritu Santo.

SU ESTILO DE VIDA REFLEJARÁ SU ESTILO DE DANZA

Ya hemos dicho que en la adoración la manifestación externa es muy importante, esto no excluye a la danza. Cuando alentamos a un equipo favorito hacemos lo imposible para reflejar con nuestros rostros y movimientos el deseo de su triunfo. Igualmente, cuando estamos enamorados hacemos lo que nunca imaginamos

para impresionar al ser amado. ¡De la misma manera debemos adorar a Dios todos los días! Con esa misma pasión y amor vivamos el Reino de Dios. Su estilo de vida reflejará su estilo de danza.

Danzar es una expresión corporal de lo que hay dentro de su corazón y es una de las tantas formas de expresar el amor a Dios. Es una expresión corporal maravillosa para mostrar agradecimiento con todo lo que tenemos, así como dice el Salmo 150:6: *"Todo lo que respira alabe a JAH ¡Aleluya!"*.

Las costumbres, la tradición y la religiosidad nos limitan a expresar libremente lo que hay dentro de nuestro ser. La expresión facial es un área en la cual tenemos que estar trabajando constantemente porque refleja lo que hay en el corazón: *"El corazón alegre hermosea el rostro..."* (Pr. 15:13). Muchos ministros de adoración mientras cantan, tocan, pintan o danzan, no reflejan en el rostro lo que quieren transmitir con su adoración.

Como la danza es tan visual, la mayoría de las expresiones son expuestas a través de cada movimiento. La autoridad, el gozo, el amor, la misericordia, la paz y un sinnúmero de expresiones corporales que no pueden ser fingidas serán transmitidas al pueblo a través de cada movimiento.

Cómo lucimos exteriormente es una gran preocupación, aun dentro de la iglesia. Creo firmemente en la excelencia para el Reino y supongo que por eso mis vestuarios de danza llaman mucho la atención. Me aseguro de verme lo mejor posible antes de presentarme ante el Rey, pero tengo algo bien en claro: una vez que me subo a la plataforma a ministrar "el look" se deja a un lado para dejar que el Espíritu Santo de Dios haga lo que le plazca; así que en ese momento dejo de preocuparme por cómo me ven. **En el momento en que su preocupación esté enfocada en cómo luce, perderá la oportunidad de que Él se luzca.** ¿Quiere captar la atención de Dios con su adoración? Recuerde que a Dios no lo impresiona lo

de afuera, ¡a Él le impresiona el corazón! (1 S. 16:7). Asegúrese de que sus expresiones sean sinceras, auténticas y únicas.

Si en verdad desea experimentar un mover profético en la danza, no debe preocuparse por cómo se ve. Nuestro único empeño debe ser vivir en continua santidad, buscar el rostro de Dios y pedir mucha osadía para entrar en este fluir profético que solo Él sabe cómo y cuándo ocurrirá.

> **RECUERDE QUE A DIOS NO LO IMPRESIONA LO DE AFUERA, ¡A ÉL LE IMPRESIONA EL CORAZÓN!**
>
> **1 SAMUEL 16:7**

En medio de la danza ocurren liberaciones, sanidades, milagros, etc. A través de ella podemos provocar que la presencia de Dios se manifieste en la congregación y se derrame el Espíritu como a Él le plazca.

Un adorador debe escudriñar la Palabra y vivirla. Esta es la llave que llenará su espíritu y el lenguaje que su cuerpo expresará. *Somos Biblias danzantes, pues danzamos la Palabra de Dios.* ¡Danzamos el mensaje de la Palabra de Dios!

Concluyo diciendo que la adoración es una expresión de quién es Dios. La alabanza, la danza o cualquier otro talento con el cual adoramos deben ser usados para su gloria y honra. Dios desea llenarnos de su Espíritu y darnos sus dones para que primero seamos transformados y luego seamos canales para transformar a otros en su nombre.

Lo que nadie quiere hablar sobre las Artes y la Iglesia

E
l propósito del Ministerio de Artes es formar personas que tienen en común la pasión de adorar a Dios a través de la creatividad. El mayor objetivo es usar ese don para adorar a

Dios, guiar al pueblo a su presencia y provocar que esta se manifieste porque cuando eso sucede, por medio del Espíritu Santo podemos experimentar sanidades, liberaciones, milagros, salvación y todo lo que Él quiera que suceda.

En la Biblia hay un ejemplo de esto cuando los hijos de Israel libraban una batalla. Josué estaba en el campo mientras Moisés estaba en la cumbre del monte con la vara extendida hacia donde estaban los guerreros, pero cada vez que a Moisés se le cansaban los brazos los soldados de Israel perdían. Viendo esto, Hur y Aarón le sostuvieron los brazos, lo que hizo que tuvieran una gran ventaja en la batalla (Ex. 31:1-5). Vale resaltar que es la primera vez que la Biblia menciona que un hombre fue lleno del Espíritu Santo. ¿Por qué es importante esto? Por dos razones, la primera es porque se usó un movimiento profético y esto tiene que ver con las artes, y la segunda es porque la unión de tres ministerios le dio la victoria al pueblo.

El Ministerio de las Artes también tiene el potencial de ser usado para discipular, evangelizar, enseñar, profetizar; para afectar la congregación, la ciudad, las naciones y transformar la atmósfera. Este ministerio, en especial el Ministerio de la Danza es una herramienta importante que muchos ignoramos por falta de conocimiento.

El Ministerio de Artes tiene como función desarrollar dones y talentos en hijos que voluntariamente deciden servir al Señor para la edificación del Reino de Dios. Parte de esta formación incluye dejarse moldear el carácter como el de Cristo, ya que si esto no sucede de nada vale su buen talento en el Reino de Dios.

Nosotros, como adoradores, guiamos al pueblo de Dios a su presencia; por lo tanto eso nos hace líderes y sacerdotes de Dios y esto tiene el peso y la responsabilidad de comportarnos como tales en todo momento.

La Iglesia de Cristo como congregación es un lugar donde los cristianos se reúnen, usualmente los domingos, para celebrar las grandezas de Dios y recibir una palabra para fortalecer su espíritu. La gran mayoría regresa durante la semana para ser entrenados y equipados como hijos y siervos de Dios a través de los ministerios. Esa es la función primordial de la iglesia. Igualmente, es la función de un núcleo de la iglesia que en este caso es el Ministerio de las Artes.

EL MAL USO Y EL ESTANCAMIENTO

> EN LA IGLESIA ESTAMOS PARA FACILITAR Y NO PARA COMPLICAR.

Como aclaré anteriormente, la iglesia es un centro de entrenamiento, no un lugar de batalla, y como adoradores debemos tener en cuenta que el mayor artista que hubo en el cielo se llama Lucifer y es el rey de la discordia. Hay dos maneras de perjudicar el propósito de las artes en la iglesia. La primera es olvidándonos de lo bueno que es Dios con nosotros y exigiéndole a los demás lo que nosotros mismos no somos. La segunda es descalificándonos. Esto puede ocurrir por dos características diabólicas: A) La envida. Cuando deseamos el puesto de alguien o nos sentimos amenazados por los talentos de otros. B) La vanagloria y el orgullo. Cuando nos sentimos superiores a los demás y los menospreciamos. En la iglesia estamos para facilitar y no para complicar.

Tenemos enemigos que tratarán con todas sus fuerzas de influenciar en todo lo que hacemos para Dios. Es nuestra función

cerrar toda puerta y levantar juntos todo lo que Dios pone en nuestras manos. Los gobernadores de las tinieblas de este mundo, aquellos enviados por Satanás, afectan el sistema cosmológico (sistema social, entrenamiento (artes), ambiental, económico, gubernamental, educacional, tecnológico y religioso) y ciegan a la gente. Afectan los pensamientos, los sentimientos, la música, la moda, las artes, las ideas religiosas, las películas, etc. Los demonios son bien organizados y unidos; conocen orden y jerarquía y están dispuestos a matar todo lo de Dios. Los demonios, al parecer, son más obedientes que los cristianos; cuando Satanás les dice que hagan algo, no cuestionan ni duermen y siempre están dispuestos y listos.

El Ministerio de Artes no es un club social, ni un *hobby* o "grupo exclusivo"; no se lo debe tomar como una sociedad donde solo son aceptadas las personas "si me caen bien", "si son mis amigos" o porque "demuestran grandes talentos".

> **YA ES TIEMPO DE DEJAR DE CREAR DISCÍPULOS INVÁLIDOS QUE TENGAN QUE DEPENDER DEL HOMBRE. LOS BUENOS DISCÍPULOS SUPERAN A UN BUEN LÍDER.**

El líder de las artes no debe apoderarse del grupo ni tratar a sus discípulos como soldados. El liderazgo se basa en servir y no en servirnos, un líder auténtico siempre se preocupará por el crecimiento de sus seguidores. Si quiere que su Ministerio de Artes sea creativo, deje que sus discípulos puedan dar opiniones, preguntar, cuestionar, interactuar y crear; esto hará que ellos tomen confianza en sí mismos y crezcan

en su creatividad. Ya es tiempo de dejar de crear discípulos inválidos que tengan que depender del hombre. Los buenos discípulos superan a un buen líder.

El ministerio no debe ser un lugar donde el líder es el único creativo. Este tiene que darles espacio a los demás para que desarrollen y aporten su creatividad, asegurándose de que Jesús sea el centro de todo lo que se mueve. La función principal del líder es el desarrollo de los talentos, el carácter y la vida espiritual de los demás, para que estos encuentren su lugar en el Reino.

Cuando un ministerio no avanza esto tiene mucho que ver con el mal uso del mismo, y no siempre con un pecado oculto. Es claro que hay muchas razones por las que esto puede ocurrir. A continuación voy a mencionar algunas:

- ✹ *El pastor o apóstol no comprende la importancia del Ministerio de Artes.* La solución que le sugiero para esto es que le deje ver poco a poco la importancia de este ministerio al dar sus propios frutos y transformar la atmósfera cuando tenga la oportunidad de ministrar. Otras maneras de hacerlo es mostrándole videos de artes o danza de ministerios que ya están dando frutos. Puede llevarle información de libros que hablen de las artes o puede conectarlo con ministerios que ya están afectando sus congregaciones y la ciudad a través de las artes.

- ✹ *El líder del ministerio de alabanza no entiende la función del Ministerio de Artes.* Invítelo, indirectamente, a talleres y congresos de danza; reúnase con él y entable una fuerte amistad.

- ✹ *El liderazgo y la congregación no consideran las artes como un ministerio formal,* sino que lo ven como un entretenimiento para divertir a los jóvenes y niños. Una de mis recomendaciones es organizar talleres con personas que influyan en

estas áreas para que eduquen a la congregación sobre estos tópicos. Es muy importante que la congregación entienda que estos no desplazan en nada a sus líderes locales, sino que enriquecen lo que ellos están haciendo. Es primordial que no solo los adoradores entiendan la función del ministerio, sino que toda la congregación lo haga, ya que si este tiene un mayor entendimiento se producirá un mayor derramamiento del Espíritu Santo. Esto creará un explosión en su congregación, pues ya no tendrán que cargar o guiar a la congregación a Su presencia, sino que todos juntos entrarán, provocarán e iniciarán un avivamiento en sus vidas a través de la adoración.

* *La falta de unidad* entre el Ministerio de Alabanza y Adoración, el de Intercesión y los danzores. La unidad entre estos tres ministerios afecta inmensamente la manifestación de la presencia del Espíritu en un culto. Quisiera describir esto de la siguiente manera: Imagínese que el danzor, los intercesores y los integrantes de la alabanza y la música son un equipo de constructores cuya misión es abrir un espacio en el techo para "x" objetivo, esto tendrá mayor éxito si todos juntos golpean el techo. Pero si uno golpea el suelo, otro la pared y otro el techo, será más difícil que puedan lograrlo. Esto es lo que muchas veces sucede en la iglesia; los de la alabanza golpean el techo, los de la danza el piso y los de intercesión golpean la pared. Si este equipo no se une como un solo cuerpo, serán menos efectivos para traer el cielo a la Tierra. Recomiendo que los tres grupos mencionados se unan como un solo equipo; deben hacer algunas reuniones y ponerse de acuerdo. Antes de cada servicio deben saber lo que Dios quiere mostrar, golpear o revelar, y todos deben estar bajo una sola dirección para hacer esa labor. Mi sugerencia final es que se reúnan a solas y tengan un tiempo de

adoración, por lo menos una vez al mes para que su conexión no solo sea logística, sino también espiritual.

❀ *El líder del Ministerio de Artes no ha entendido su función* ni lleva una relación personal con el Espíritu que le permita fluir. Esto es algo que hace que el ministerio carezca de sentido y le quita el poder, por ende, no da fruto y en vez de ser de bendición es de piedra de tropiezo.

❀ *La mediocridad dentro del Ministerio de las Artes.* Esta puede verse tanto en el entrenamiento como en las vestimentas de ministración. Ya es tiempo de dejar de excusarnos diciendo que como lo que hacemos es para Dios, Él recibe lo que le demos pues solo mira el corazón. Y es verdad, pero debemos presentarnos de la misma manera como lo haríamos ante un rey: con lo mejor y no con mediocridad. Si no pueden invertir tanto tiempo en entrenamiento, no traten de hacer lo que está fuera de sus posibilidades físicas. Hay muchas maneras de tomar un simple vestuario y adornarlo de manera bonita, aunque lo ideal es que así como invierten cientos de dólares para comprar un vestido de gala que se pondrán una o dos veces, inviertan en su vestimenta para presentarse ante el Rey de reyes para las ocasiones que lo ameriten.

❀ *Los ministros de danza no dan buen testimonio* cuando están fuera del púlpito. Muchos danzores de la congregación llevan una doble vida o no dan frutos de madurez, esto hace que la congregación y el pastor vean las artes como un ministerio solo de personas emocionales e inmaduras.

❀ *El ministerio o líder ha entendido su función* pero no sabe cómo avanzar a su próximo nivel. Cuando esto pasa se debe buscar un ministerio que ya haya alcanzado lo que se anhela tener. Esforzarse, tomar clases, talleres, congresos, leer libros, etc. Tendrá que invertir en el ministerio tanto en

lo personal como monetariamente. Nadie crece sin inversión. La inversión es la primera regla del crecimiento.

🌟 *El complejo del "Llanero Solitario"* lo padecen aquellos que creen que Dios los llamó solos, y por eso se rehúsan a unirse a toda cobertura y ministerio. El peligro de esto es que evidencia un espíritu de rebeldía y será lo mismo que se impartirá en la ministración. En mi opinión, y según lo que he aprendido de la Biblia, Dios no llama a nadie solo. Inclusive el "Llanero Solitario" tenía un indio que lo acompañaba. Ojo con esto. No lo permita en su congregación.

🌟 *Ministrar sin cobertura.* Cuando una persona está bajo cobertura muestra orden, que es una de las cualidades principales del Reino. Recomendamos que no se deje llevar por lo que está viendo, busque siempre referencia para saber cómo anda el ministerio al que fue invitado a participar, pues una persona que esté en el marco del orden de Dios siempre tendrá una cobertura que lo respalde. Los dones del Espíritu no siempre son una garantía de la integridad de un ministro.

🌟 *La división del Ministerio de las Artes dentro de la misma congregación.* He visto casos, en algunas iglesias, donde hay varios Ministerios de Artes. Esto puede ocurrir por diversas razones, por ejemplo la logística de las iglesias que tienen varios servicios en el día. Sin embargo, casi siempre el funcionamiento de ministerios paralelos ha resaltado una razón que se llama "rebeldía oculta". Todo comienza cuando a alguien de la congregación no le gusta el estilo y las normas del ministerio establecido y deciden hacer el suyo propio. El problema de esto es que le da derecho a todos de hacer lo mismo, y hay iglesias que tienen tres, cuatro, cinco Ministerios de Danza que en vez de trabajar como equipo

compiten entre ellos. Como referencia para saber cómo actuar en estos casos, mire el organigrama que está en el capítulo: "Cómo iniciar y organizar el Ministerio de Artes" y lea mis sugerencias sobre el tema. Permitir muchos líderes de artes o danza que no se sometan a un director o pastor de artes que traiga unificación es como tener una iglesia con cuatro o cinco pastores principales. Dios es un Dios de orden y solo debe haber una cabeza que dé dirección, con ayuda de otros que impulsen y ensanchen la misma visión. También he visto casos en que el Ministerio de Alabanza siente que el Ministerio de Artes es un estorbo para su desempeño ya que, según ellos, le quitan tiempo, espacio, y distraen a la congregación cuando alaban. Esto, usualmente, se debe a la falta de entendimiento sobre lo que pueden hacer para Dios estos dos ministerios juntos. Nosotros entendemos que estamos bajo la autoridad del Ministerio de Alabanza y nos sujetamos a lo que ellos nos digan, pero es muy importante que nos den el espacio y la libertad suficiente para poder fluir y cumplir con nuestra función.

※ Algo que también he visto en algunos Ministerios de Danza es que todo el mundo danza sin importar si practicaron, si tienen el uniforme completo, si están dando o no buen testimonio, etc. Esto sucede porque el pastor quiere ver al grupo completo danzar. Lo ideal es que si el ministerio es de gran tamaño, los danzores se turnen por servicio o por semana con un sublíder, de esta forma tienen más tiempo para ensayar y al mismo tiempo no se les vuelve monótono o cansador ministrar todos los domingos. Podrían ministrar todos juntos una vez por mes y en eventos especiales.

※ Por último, *tengamos cuidado de poner a alguien a ministrar solo porque tiene mucho talento.* Cuando esta persona no

entiende lo que está ocurriendo espiritualmente no solo es peligrosa para la congregación, sino también para su propia vida.

LA FALTA DE UNIDAD

Meditemos en lo que sucedió la última vez que Jesús se apartó con el Padre para tener un tiempo de oración, antes de ser crucificado.

El libro de Juan nos relata muchos acontecimientos importantes entre ellos: la entrada triunfal a Jerusalén, la famosa cena con los discípulos, cuando ocurrió el lavado de los pies, el nuevo mandamiento de amarse unos a otros, el anuncio de la traición de Judas y la negación de Pedro. Jesús también les habla a sus discípulos del camino, la verdad y la vida, y les deja la promesa del Espíritu Santo, entre otras enseñanzas.

Pero, en Juan 17 encontramos a Jesús en uno de los momentos más importantes con sus discípulos. Él se aparta a orar antes de que Judas fuera a entregarlo. Me impresionó mucho notar que esta última oración con el Padre fue más un reporte del trabajo que había hecho aquí en la Tierra que una súplica por Él mismo. Estos fueron los puntos clave que pude identificar en esa oración:

- ※ Yo ruego por ellos, no ruego por el mundo, sino por los que me diste, porque tuyos son.

- ※ A los que me has dado, guárdalos en tu nombre para que sean uno, así como nosotros.

- ※ A los que me diste yo los guardé y ninguno de ellos se perdió, sino el hijo de perdición.

- ※ Os ruego por todos lo que creen en mi Palabra, para que todos sean uno; como tú, oh Padre en mí, y yo en ti, que

también ellos sean uno en nosotros; para que el mundo crea que tú me enviaste.

✹ La gloria que me diste, yo les he dado para que sean uno, así como nosotros somos uno.

✹ Aquellos que me has dado, quiero que donde yo estoy también ellos estén conmigo, para que vean la gloria que me has dado.

"La gloria que me diste, yo les he dado, para que sean uno, así como nosotros somos uno" (Jn. 17:22). ¡Aleluya!

Hay muchas razones por las que se nos ha dado la gloria de Dios, pero en este pasaje se aclara una de sus funciones: la gloria nos fue dada para que SEAMOS UNO.

El enemigo ha tomado mucha ventaja en este tema porque conoce el PODER de la UNIDAD. Dios está demandando una Iglesia unida. Dejemos atrás las diferencias ministeriales tanto dentro como fuera de las congregaciones y trabajemos hasta ver el sueño de Dios realizado en nuestras iglesias, ciudades y naciones. Empecemos a celebrar los triunfos de los demás como si fueran los nuestros, y dejemos de servir para ser más grandes que los otros, hagámoslo eficazmente, como Jesús, sin egoísmo y entendiendo que la función de los líderes consiste en multiplicarse sin querer engrandecer su propio reino, sino utilizando todas las herramientas para engrandecer el Reino de Dios.

Dios está buscando una generación que no le dé la espalda al que está debajo de ellos, sino que traspase el manto de generación en generación para que la plataforma del que viene debajo sea más fácil que la que uno tuvo que pisar.

Ese es el corazón de Dios. ¡Esa es la verdadera Iglesia de Cristo! Aquella que NO ES EGOÍSTA, sino que reconoce y HONRA el lugar de cada miembro de su cuerpo para colocarlo donde funcione

efectivamente para que el Reino de Dios sea expandido mediante los dones dados por el Espíritu Santo. Aquella en la que un equipo de apóstoles, profetas, pastores, maestros, evangelistas y demás ministros trabajan MANO A MANO y en UNIDAD, honrándose y guardándose las espaldas unos a otros con la única motivación de la EXPANSIÓN DEL REINO.

SEA CREATIVO COMO SU CREADOR

"En el principio creo Dios los cielos y la tierra" (Gn. 1:1). Dios es un ejemplo único de creatividad. Cuando Él creó los cielos y la Tierra, a cada cosa le dio un detalle único y original; a todos nos hizo diferentes y se tomó un tiempo para crear cada cosa. Asimismo debemos hacer las cosas todos nosotros y darle ese toque original a todo lo que hacemos. Frente a una creación que no es nuestra, ya sea un disco, un diseño, un libro, una pintura, etc. debemos respetar su autoría. Esta es una manera íntegra y cristiana de bendecir a su autor, el cual ha usado su energía, tiempo y dedicación para elaborarla.

Créeme que mi intención no es que se sientan mal, sino educar para que no continuemos cometiendo los mismos errores y nos robemos las bendiciones que Dios pone en nuestras vidas.

El segundo punto sobre la creatividad que quiero resaltar es el beneficio de bendecir y honrar aquello que Dios ha puesto en su camino. No estoy diciendo que no podamos tomar la creación de otra persona para algo que deseamos; pero si lo hacemos de la manera correcta no solo estaremos mostrando nuestra integridad, sino que también estaremos dando los pasos correctos para crecer, pues al darle los créditos a su Creador se sitúa en un nivel de grandeza en el Reino. Esta práctica hará que las artes crezcan en todos los ámbitos.

Dios requiere de nosotros orden, excelencia, respeto y honra. ¡Vamos a hacer la diferencia! El Salmo 101:7 expresa lo siguiente: *"No habitará dentro de mi casa el que hace fraude; el que habla mentiras no se afirmará delante de mis ojos"*.

Diga "NO" a la piratería y al plagio. Entiendo que este no es un tema cómodo porque hay muchas personas que creen que lo que Dios da no tiene dueño, sin embargo; Él mismo le puso un sello a su creación y no la comparte con otro dios porque Él es un Dios celoso. Sé que este tema va a incomodar a algunos, y esa no es mi intención, pues lo único que quiero decirle es lo que siento de parte de Dios para que tenga una vida bendecida. Tal vez este sea uno de los temas más difíciles que he compartido, pero lo he hecho en obediencia.

Marcos Witt dijo que la palabra "piratería" significa "tomar algo original y hacer una copia. Tomar algo bien hecho y hacerlo menos bien". En el contexto bíblico "piratear" es igual a robar.

Ejemplos de piratería:

※ Bajar música de internet ilegalmente.

※ Copiar literatura sin permiso del autor.

※ Comprar películas copiadas.

※ Copiar música de la computadora sin permiso legal.

※ Falsificar o reproducir un producto o artículo sin permiso de su autor.

※ Copiar modas de vestuarios e instrumentos que ya están a la venta.

※ Copiar coreografías sin permiso del coreógrafo.

Estas son algunas de las situaciones que pueden convertirnos en "piratas". Nosotros, los cristianos, deberíamos ser honestos y confiables en este punto, pero lamentablemente no lo somos.

Hay muchas excusas bien intencionadas que se usan entre los cristianos para justificar la piratería dentro de la iglesia. Las excusas más conocidas son: "Bueno… es que esa idea es de Dios y es para bendecir a su pueblo". Sí, lo de bendecir al pueblo de Dios es muy cierto, pero igualmente usted bendice al pueblo cuando honra la labor de aquel que está usando su creatividad en la obra de Dios.

Una de las maneras de restaurar las artes es respetar a sus creadores, y si en verdad deseamos que los hijos de Dios sean bendecidos, es importante que nos eduquemos en el tema. La Biblia dice: "lo que siembras, cosechas", y la piratería no creo que deba ser la siembra de un cristiano. No puede estar en el corazón de Dios que las personas que están invirtiendo su dinero para ofrecer excelencia al Reino y bendecir su vida, tengan que hacerlo gratis. La Biblia dice: "… *Digno es el obrero de su salario*" (1 Ti 5:18).

Cada semilla que siembra en este ministerio que tanto admira y toma como ejemplo para su vida, es una inversión en el Reino de Dios para que siga ensanchándose la visión.

La creatividad es parte del lenguaje de Dios y nos da una identidad en el Reino porque tiene que ver con la integridad. Dios es puro y requiere lo mismo de sus hijos. La palabra "integridad" viene de la pureza, de lo que está entero, y todo ciudadano del Reino debe serlo.

¿Qué le aconsejo?

❋ Cuando quiera usar una coreografía que vió en Internet o en cualquier presentación, déle crédito al ministerio o a la persona que la creó.

❋ Cuando escriba una cita de otra persona, mencione siempre el nombre de su autor.

❋ Pida perdón a la persona a la que le haya copiado algo.

✴ Si le gusta algo de otro y está a la venta, cómprelo. Si no tiene el dinero para comprarlo, pídale al Creador que le dé ideas propias.

Concluyo diciendo que dentro suyo hay sonidos celestiales que complementan la orquesta (la creación) que Dios hizo para que su gloria sea manifestada en la Tierra. Camine con la certeza de que es un hijo del Dios todopoderoso, el cual lo ha creado único y a su perfección. Ya tiene un sonido muy especial que solo será escuchado cuando se atreva a SER exactamente como USTED es.

Es ÚNICO y su sonido es muy IMPORTANTE en el cuerpo de Cristo. NO hay NADA mejor en esta Tierra que ocuparse EXACTAMENTE de aquello para lo que fue creado. Esta revelación lo activará para transformar a otros, siempre recordando que fue creado para brillar para la gloria de Él y no la suya.

LOS QUE CONTAMINAN EL ALTAR

Algunos temas que son bíblicos hoy en día no se tratan muy a menudo en público ni se difunden en libros. Uno de estos temas es el pecado entre los que ministran en la iglesia. Algunos que ministran lo hacen en pecado y sin ningún arrepentimiento o restauración. Esto sucede por tres razones: la primera es que el ministro no le habla del asunto a sus autoridades por temor a perder su ministerio, ser rechazado o descalificado. La segunda, es por el hecho de que las artes en cualquier ámbito son impactantes; el músico, el danzor, el cantante, etc. tienen una gracia natural y cuando pecan no sienten la necesidad de arrepentirse porque las personas los siguen aplaudiendo. Tercero, por una razón muy obvia: Dios usa hasta a un "burro"; y cuando Él da los dones, estos siguen fluyendo para bendecir a su pueblo.

Este tema no tiene nada que ver con apartar al que peca de la congregación, pues la iglesia es para los enfermos y no para los sanos; sin embargo, ministrar en pecado trae desgracia al pueblo. Cuando un ministro cae en pecado debe haber un tiempo de restauración, ya que los líderes tienen mayor responsabilidad ante el altar. Cuando hablo del altar no necesariamente me refiero a un lugar específico en el templo. Por mucho tiempo hemos confundido la palabra "altar" con una plataforma, un tablero horizontal descubierto y elevado del suelo donde se colocan las personas o las cosas. El altar del que te hablo es todo lugar donde estés, pues después del sacrificio de Jesús nosotros somos el altar de Dios: *"¿O ignoráis que vuestro cuerpo es templo del Espíritu Santo, el cual está en vosotros, el cual tenéis de Dios, y que no sois vuestros?"* (1 Co. 6:19).

> NO SOLO CONTAMINO EL ALTAR CUANDO MINISTRO EN PECADO, SINO CUANDO MI VIDA NO ESTÁ DE ACUERDO CON LO QUE MINISTRO.

Mi responsabilidad es mantenerme consagrada para Dios en todo lugar. Lo que yo haga durante toda la semana debe ser lo que se manifieste en la plataforma cuando yo me pare a ministrar el domingo, ya sea con mi danza, con la prédica, la música, etc. No solo contamino el altar cuando ministro en pecado, sino cuando mi vida no está de acuerdo con lo que ministro.

Una ilustración que me gusta hacer es comparar nuestro cuerpo con una vasija. En esa vasija hay agua limpia, pero si el lunes se contamina y ensucia el agua, y lo mismo sucede el martes, y así sucesivamente, cuando llega el momento de ministrar, las

personas que reciben su ministración van a beber del agua que hay en su vasija, y esta agua fluirá según su interior. La pregunta es: ¿De qué color está su agua? ¿Qué tipo de agua les da a quienes ministra?

No solo por lo que damos cuando ministramos debemos mantener nuestro templo limpio, sino también porque quienes pasamos al frente a ministrar se nos ve más que a los demás, y todo lo que hacemos afecta a más personas.

En la iglesia no debe tratarse el tema del pecado con ligereza. La Palabra nos enseña que Dios ama al pecador y no al pecado, pero al mismo tiempo es claro que una persona en pecado no solo perjudica su vida, sino a todo aquel que está a su alrededor, y en particular a aquellos que le sirven como líderes. Hay casos de personas que hacen hechos vergonzosos y siguen ministrando sin que nadie les diga nada. Las razones son diversas, pero las más comunes son: porque no hay nadie más en la iglesia que pueda cumplir su función, porque es hijo o familiar del pastor, porque es el favorito de la mayoría y tienen temor de que la congregación se divida o que este se vaya, y por un sinnúmero de razones más.

Hay una mayor honra en saber aceptar nuestros errores y también la disciplina; aun cuando uno sabe que la iglesia está dispuesta a no hacerle caso a su ofensa, si quiere ser un líder duradero y responsable no dude en decir: "He fallado y deseo ser restaurado antes de seguir ministrando y contaminando el altar".

Un líder que peca, no debe ser tratado con ligereza, y debe hacerse responsable de sus acciones. La Biblia dice en Colosenses 3:5: *"Haced morir, pues, lo terrenal en vosotros: fornicación, impureza, pasiones desordenadas, malos deseos y avaricia, que es idolatría"*, y también lo expresa Gálatas 5:24: *"Pero los que son de Cristo han crucificado la carne con sus pasiones y deseos"*

El adorador debe vivir en completa santidad, *"... sin la cual nadie verá al Señor"* (Heb. 12:14). Es necesario que la iglesia y los ministros comencemos a vivir en esta senda si es que de verdad queremos ver las artes restauradas.

LOS HOMBRES Y LA DANZA

A aquellos hombres que aman a Dios y danzan, les exhorto que sigan adelante siendo modelos de levitas que adoran sin limitaciones.

Es importante que el movimiento de un hombre al danzar sea varonil y que su corazón y su vida sean íntegras, como se le requiere a cualquier otro adorador. Les sugiero a los hombres que para mantener su postura masculina, aparte de usar su cuerpo, también usen instrumentos como panderos, banderas, espadas, palos, y estén abiertos a otro tipo de artes como la pantomima, el teatro, la pintura, la escritura, entre otras.

Como hombres, ustedes son el modelo de Cristo y son los responsables de multiplicarse correctamente. Busquen y llénense de la Palabra de Dios para saber cómo manejarse como hombres fuera y dentro de la iglesia. El auditorio no debería tener ningún tipo de confusión con la sexualidad de ustedes al verles ministrar, deben ver a un hombre rompiendo y declarando con autoridad con cada movimiento.

En la danza cristiana estamos viendo un aumento de hombres amanerados y algunos con pasado de homosexualidad. Lo primero que tengo que decir acerca de esto es que Jesús los ama y nosotros los amamos igualmente. Este tema lo estoy compartiendo después de más de un año de silencio y de hacerle mil preguntas a Dios, y no fue hasta que unos amigos importantes en mi vida me trajeron

el tema nuevamente, que me sentí confrontada por Dios a no quedarme callada.

Este escrito no es para atacarlos personalmente, sino para ayudarlos y encaminarlos sin obstáculo a su destino profético. Fueron llamados a cumplir grandes propósitos en Dios; desde el primer día que empezaron a ser formados en el vientre de sus madres Dios pensó en ustedes y en su sexo. La Biblia dice: *"Varón y hembra lo creo; y los bendijo..."* (Gn. 5:2). Si ama a Dios y está luchando con este tema, no calle más. Es muy importante que reconozca su problema y busque ayuda. Busque un psicólogo cristiano que siga los principios del Reino. Vi un video en YouTube que mostraba la danza en una iglesia, este video duraba más de cinco minutos, la verdad es que no podía creer lo que veía; me imaginaba a la hija de Herodías, cuando le danzaba al rey Herodes. Era increíble, nunca pensé que en una iglesia podía ocurrir algo así.

Si está ministrando para Dios y no puede reflejar movimientos decentes y masculinos, deje de ministrar hasta que pueda cambiar el hábito, pero no deje de adorar a Dios. Adorar será la llave a su liberación porque es una manera de mantenerse a los pies de Jesús. Igualmente, será imprescindible que confronte y trabaje con su alma para ser sano complemente. Ministrar en la danza mientras está en el proceso de sanidad no le ayudará, por el contrario, confundirá su identidad como hijo.

Aunque hoy en día no se percibe a una persona amanerada como un problema, porque parece algo inofensivo y que comienza como un juego de amigos, si está ministrando en un altar es tiempo de que identifique estos gestos y maneras y sepa que esto trae confusión a su ministración, y la confusión no viene de parte de Dios.

LA HOMOSEXUALIDAD Y LOS AFEMINADOS

En la clase de líderes de danza de la escuela House of T'heArts, hemos tratado el tema: "La homosexualidad, el ser afeminado y este comportamiento en la iglesia". Este tema es muy controversial dentro de la iglesia y no debería serlo. La Escritura es clara en 1 Corintios 6:9-10, cuando dice: *"¿No sabéis que los injustos no heredarán el reino de Dios? No erréis; ni los fornicarios, ni los idólatras, ni los adúlteros, ni los afeminados, ni los que se echan con varones, ni los ladrones, ni los avaros, ni los borrachos, ni los maldicientes, ni los estafadores, heredarán el reino de Dios".*

No podemos callar el tema mientras el diablo está convenciendo a nuestros jóvenes, trayendo confusión y distorsionando el diseño original de la familia. La Biblia dice: *"Y creó Dios al hombre a su imagen, a imagen de Dios lo creó; varón y hembra los creó..."* (Gn. 1:27).

EL ROL DE LA IGLESIA Y LOS HOMOSEXUALES

Es tiempo de dejar de criticar y discriminar a los homosexuales, de dejar de ignorar el tema y ganar estas almas para Cristo. Es importante que entendamos que ser parte de la Iglesia de Cristo es muy diferente a ser parte de uno de los servidores o líderes.

Es tiempo de que la Iglesia de Cristo se eduque profesionalmente en el tema, los doctores y sicólogos también fueron puestos por Dios, y estos casos deben ser tratados también desde el espíritu y el alma. Recordemos que Dios es amor y solo si usted tiene la motivación correcta podrá ayudar a estas personas que necesitan ser sanadas, como también nosotros fuimos sanados en diferentes áreas de nuestras vidas.

Cuando conocí al Señor fui perdonada y salvada, pero pasé por un gran proceso de liberación. La iglesia es un hospital y debemos

atender a los enfermos, porque cada enfermo que se levante de su camilla va a ayudar a otros en el futuro.

Líderes. Los líderes tienen gran responsabilidad. Asegurémonos de que los hombres estén aprendiendo apropiadamente cómo adorar a Dios a través de la danza. Deben dedicar tiempo extra para mejorar sus movimientos. Si estos danzores aún no han sido sanados o completamente liberados de ese espíritu de homosexualidad, el enemigo se burlará de ellos, pues cuando alguien está esclavizado no tiene autoridad contra quien lo ata.

La Biblia habla de un incidente donde unos falsos discípulos quisieron sacar un demonio y este los venció avergonzándolos. Leamos el texto: *"Un día, el espíritu maligno les replicó: ´Conozco a Jesús, y sé quién es Pablo, pero ustedes ¿quiénes son?´. Y abalanzándose sobre ellos, el hombre que tenía el espíritu maligno los dominó a todos. Los maltrató con tanta violencia que huyeron de la casa desnudos y heridos".*

Líder, si no está seguro acerca de la sexualidad de uno de sus danzores, use su discernimiento y espere un tiempo antes de hacerlo parte del equipo. Si ya es parte del equipo es importante que con mucho amor, sabiduría y guía de sus pastores pueda hablar del tema con el afectado, antes de que todo empeore. Esto no solo es cosa de consejos y ayuno. Esto debe ser tratado por un profesional que trabaje con el alma de estos hombres hasta que sean complemente sanados. Ocúpese de que esta persona busque la ayuda de uno de los líderes y ancianos de la congregación.

Explíquele con amor lo que dice la Palabra en referencia a la tentación: *"Cuando alguno es tentado, no diga que es tentado de parte de Dios; porque Dios no puede ser tentado por el mal, ni él tienta a nadie; sino que cada uno es tentado, cuando de su propia concupiscencia es atraído y seducido. Entonces la concupiscencia,*

después que ha concebido, da a luz el pecado; y el pecado, siendo con-
sumado, da a luz la muerte" (Stg. 1:13-15).

Cuando una persona tiene problemas con su identidad masculina no se lo ayuda haciéndolo parte del Ministerio de Danza.
Vamos a razonar sobre este caso basándonos en una pregunta:
¿Si tenemos una persona que fue liberada del alcohol, la invita-
rías a una fiesta donde estarán bebiendo? Es el mismo caso de un
hombre con el deseo de ser mujer. La danza no le ayudará a trabajar su situación, al contario, empeorará debido a las expresiones
de la misma. Es necesario que el hombre con pasado homosexual o
afeminado primero se dedique a trabajar su personalidad, porque
aunque haya sido liberado lo que se ve de él es importante para su
testimonio.

Para finalizar podemos decir que la danza es, tanto en la práctica como en lo espiritual, una herramienta sagrada para Dios, en
toda su expresión. No podemos menospreciar su uso e invitar a
las personas a participar de ella solo por ayudarlas o afirmarlas en
la iglesia. La danza, como cualquier otro ministerio que hagamos
para Dios, requiere personas con madurez espiritual, que repre-
senten bien el Reino de Dios y que entiendan lo que hacen y tienen
en sus manos.

EL PRECIO DEL LIDERAZGO

Brevemente, voy a referirme a los requerimientos para ser líder. Se le llama "líder" a toda persona que tiene seguidores. Muchos se llaman "líderes" pero no tienen seguidores, simplemente son caminantes. Digo esto porque todo el que anda por la vida creyéndose un líder y no tiene seguidores, tan solo está dando un paseo. Hay líderes puestos por Dios y otros puestos por el hombre. Algunos tienen influencia natural y es porque nacen con carisma, también hay líderes que se transforman en tales como resultado del llamado de Dios.

A muchas personas, los líderes que Dios puso sobre ellos no les resultan fáciles de tratar. De cualquier manera, todo líder es puesto por Dios y nuestra función es obedecerles, honrarlos, amarlos y respetarlos. *"Sométase toda persona a las autoridades superiores; porque no hay autoridad sino de parte de Dios, y las que hay, por Dios han sido establecidas"* (Ro. 13:1).

La imagen y semejanza de Dios lo hace apto automáticamente para dirigir sobre la faz de la Tierra. *"Llenad y señoread sobre la tierra"* fue el primer mandato de la creación, pero muchos creen que este privilegio los hace superiores y tienen el poder de gobernar a otros. La función de un líder no consiste en enseñorearse sobre sus discípulos, sino en ayudarlos a encontrar su destino. Así como Dios actúa con nosotros deberíamos actuar con nuestros discípulos. Dios nos da opciones, el trabajo de un líder es ayudar a sus discípulos a elegir su destino.

Estamos llamados a honrarnos y servirnos unos a otros y a dejar que cada quien busque la voluntad de Dios, y sea cada individuo quien identifique el área donde está llamado a servir. Al hacer esto, el servicio nunca se convertirá en un compromiso, sino que será algo natural, productivo y gratificante. ***Desarrollar a un estudiante o discípulo es un trabajo del cual verá sus frutos, aunque no tan rápido como quisiera. Todo lo bueno cuesta tiempo, trabajo y perseverancia. Ser un maestro de verdad cuesta amor y paciencia.***

De alguna manera, en el caminar por el aprendizaje de la vida encontraremos o sentiremos que tenemos este tipo de líderes, y si aún no los ha tenido le aseguro que los tendrá. Recuerde que un líder no es solo alguien de su congregación. Un líder puede ser

su mamá, su papá, su jefe, su maestro. En el proceso de la vida nacemos bajo un liderazgo, los padres, luego los maestros; y cuando llegamos a la iglesia, los pastores. Esto nos hace saber que el crecimiento en el liderazgo tiene mucho que ver con la sujeción, no es fácil aceptar esa verdad, pero mientras más rápido la acepte, más crecerá.

Todo líder fue puesto en su vida por Dios. El buen líder, guía, enseña, educa, ayuda y levanta. Del "líder malo" aprenderá otro nivel de obediencia y sujeción, aquella que no se cuestiona. Esa es la clase de sujeción que necesitamos especialmente los que venimos de un trasfondo de desobediencia y desenfreno.

MI EXPERIENCIA EN EL LIDERAZGO

El Ministerio de las Artes puede ser muy cansador, especialmente porque hay preparación y entrenamiento del cuerpo, el alma y el espíritu, aparte del discipulado, la evangelización y la logística de cada una de estas funciones. Hay temporadas en el año que paso días y noches coordinando algún evento y organizando algunas ideas nuevas; semanas en las que no hay tiempo ni para salir con la familia y meses durante los cuales no tengo tiempo para tomarme un café con una amiga. Durante estos momentos de trabajo, presión y cansancio físico, me llegó esta pregunta: "¿Y yo qué?". Más adelante veremos un escrito que surgió como parte de tal experiencia. Le decía a Dios: "Señor, tú me has llamado para que me ocupara de este ministerio y has puesto tanto en mis manos que no tengo tiempo para mí y me siento cansada". Y volvió la pregunta: "¿Y yo qué?". Me gustaría ir a un *spa*, a la playa, salir con mis amigas más a menudo y pasar más tiempo con mi familia.

Cuando el Señor me escuchó y notó que mis necesidades eran válidas y que a la vez había un deseo sincero de servirle, comenzó a trabajar en mí en un proceso en el cual aprendí algunos principios

que me han sido muy útiles para desarrollar a otros líderes y fortalecer mi liderazgo. Lo primero que el Señor me enseñó fue a aprender a delegar más, a balancear mi tiempo y a poner las prioridades en su lugar. Mayormente, cuando le preguntamos algo a Dios es porque estamos maduros para pasar a otro nivel.

Dios se había preparado de antemano para la pregunta que sabía que le haría, y tenía listas algunas personas para que, llegado el momento, me ayudaran en las responsabilidades ministeriales. A estas personas debía tenerles confianza para asignarles compromisos que solo yo podía hacer. Aprendí que cuando no entrena y delega a otros a tomar su lugar, atrasa su promoción. Como líderes siempre creemos que somos los mejores en nuestras asignaciones, y aunque estamos constantemente discipulando y enseñando, creemos que nadie más está capacitado para hacer lo mismo que nosotros. Esto trae como consecuencia una menor expansión del ministerio y el agotamiento crónico del líder.

> **APRENDÍ QUE CUANDO NO ENTRENA Y DELEGA A OTROS A TOMAR SU LUGAR, ATRASA SU PROMOCIÓN.**

Segundo, después de tener la respuesta a mi pregunta, también tuve que volver a poner las cosas en orden. Las bases de todo ministro son: tiempo con Dios, familia y ministerio.

Tercero, experimenté que cuando saboreamos su divino propósito nos convertimos en sus esclavos voluntarios, y de eso no podemos escapar.

La cuarta cosa que entendí con mi experiencia es que mi adoración y mi servicio son los de una esclava libre del único que completa mi vida: su nombre es Jesús.

Soy libre en Él y declarada voluntariamente su esclava. Con un acto de amor me dio LIBERTAD y por un acto de amor le sirvo. Mientras mi corazón palpite y mis órganos funcionen y aun cuando esté en el lecho de muerte declaro que siendo esclava en Él libre seré, y mi cuerpo, alma y espíritu estarán a su servicio. Pablo lo dijo así: *"Y ciertamente, aun estimo todas las cosas como pérdida por la excelencia del conocimiento de Cristo Jesús, mi Señor, por amor del cual lo he perdido todo, y lo tengo por basura, para ganar a Cristo"* (Flp. 3:8).

"¿Y YO QUÉ?"

No importa el "yo". No importa lo que yo necesite ni lo que piense o desee. Si tengo al Creador de mi lado e intimo con Él, seré completa y sus deseos míos son. Jesús dijo que cuando lo buscamos a Él, Dios nos da todo lo demás: *"Mas buscad primeramente el reino de Dios y su justicia, y todas estas cosas os serán añadidas"* (Mt. 6:33).

No niego que en el liderazgo Dios ponga en su camino personas hermosas, pero también hay muchas que pueden decepcionarlo y sacarle lágrimas. Muchas veces estoy sobrecargada de cosas, pero en medio de tanta presión nunca he dejado de ver al Padre sonreírme. Esta foto en mi mente es suficiente motivación para seguir adelante.

Mi deseo es que cuando muera la lápida de mi tumba tenga la siguiente inscripción: "Delki, gran madre y esposa quien se gastó en obediencia y amor para cumplir la obra de su Padre celestial hasta el último suspiro, y se multiplicó dejando un legado a

millones de personas." Cuando entendí lo que Dios quería mostrarme con todo esto guardé silencio y no volví a mencionar el "¿Y yo qué?". En la carta a los Gálatas, la Biblia nos dice: *"Así que ya no eres esclavo, sino hijo; y si hijo, también heredero de Dios por medio de Cristo"* (Gl. 4:7).

Sé que soy HIJA, heredera, y que todo lo que es del Padre es mío. La libertad es lo que más me costó darle a Él, pero se la entregué voluntariamente, pues también esta me fue dada por Él.

El gobierno del cielo es tan opuesto al gobierno terrenal que cuando le rendimos a Cristo toda nuestra vida y nos hacemos esclavos suyos es en verdad cuando comenzamos a vivir en libertad y plenitud. Pablo explicó: *"Con Cristo estoy juntamente crucificado, y ya no vivo yo, mas vive Cristo en mí; y lo que ahora vivo en la carne, lo vivo en la fe del Hijo de Dios, el cual me amó y se entregó a sí mismo por mí"* (Gl. 2:20).

> SI ANTES ME ESCLAVIZABA PARA SERVIR AL DIABLO CUÁNTO MÁS LO HARÉ AHORA PARA SERVIR AL SEÑOR.

Caminé muchos años en desobediencia y maldición, pero Dios me sacó de la cárcel del pecado y de la muerte. Bajo este conocimiento no me queda más que unirme al salmista y preguntar: *"¿Qué pagaré a Jehová por todos sus beneficios para conmigo?"* (Sal.116:12). Si antes me esclavizaba para servir al diablo cuánto más lo haré ahora para servir al Señor. Lo que hacemos hoy no está desligado de lo que Él hizo en la cruz, pues Jesús al morir no solo nos dio vida, sino que por su obediencia hoy está sentado a la diestra del Padre.

"Quien habiendo subido al cielo está a la diestra de Dios; y a él están sujetos a ángeles, autoridades y potestades" (1 P. 3:22).

Cuando sometemos TODO al Padre, Él nos pone en lugares de autoridad. Nunca olvide que el "gobierno" del terrenal, es totalmente opuesto al "gobierno" celestial. "Esclava libre soy, pues mi libertad tuya es. No me pertenezco". Entiendo que a todos nos preocupa nuestra vida, el crecimiento y la comodidad, pero cuando se haga la pregunta: "¿Y yo qué?" recuerde lo que Jesús hizo. Su sacrificio es la respuesta.

EL PRECIO A PAGAR

En mi caminar como líder he tenido momentos maravillosos y momentos amargos. Si bien es cierto que servir en el ministerio es un gran honor, no podemos negar que este tiene un precio que pagar. Estos son algunos de los costos del ministerio: soledad, desilusión, traición, celos, envidia, cansancio, doble trabajo, falta de agradecimiento, falta de honra, desconfianza, entre otros.

Hay momentos en que sentirá que nadie lo entiende o que todos están en su contra; y es verdad, no pretenda que alguien lo haga, solo a quien Dios le dio la visión puede comprenderla y ejecutarla. En el momento en que las opiniones estén en su contra y cuando los que usted menos esperaba le dan la espalda, se preguntará: "¿Dónde está Dios?", pero en esos momentos, aunque usted no lo sepa, Dios está preparando todo el escenario para llevarlo a otro nivel.

Nadie cruza hacia la promesa con el esfuerzo de otro. Un verdadero liderazgo se basa en el llamado y en su propia experiencia. Cada vez que usa su fe y sus pies para ir a otro lado, está solidificando y tomando experiencia para tener autoridad para enseñarle a otros cómo hacerlo. Sus decepciones, la soledad y los tiempos

que ha pasado a solas con Dios son aquellas cosas que nadie puede robarle. Si persevera podrá contar su historia.

Yo tuve muchas decepciones que me quitaron el deseo de perseverar, pero gracias a mis líderes recibí el fundamento de la Palabra y esta fue la que me ha sostenido. La Biblia dice que las pruebas son necesarias para poder crecer: *"Bienaventurado el hombre que persevera bajo la prueba, porque una vez que ha sido aprobado, recibirá la corona de la vida que el Señor ha prometido a los que le aman. Que nadie diga cuando es tentado: Soy tentado por Dios; porque Dios no puede ser tentado por el mal y El mismo no tienta a nadie. Sino que cada uno es tentado cuando es llevado y seducido por su propia pasión. Después, cuando la pasión ha concebido, da a luz el pecado; y cuando el pecado es consumado, engendra la muerte. Amados hermanos míos, no os engañéis. Toda buena dádiva y todo don perfecto vienen de lo alto, desciende del Padre de las luces, con el cual no hay cambio ni sombra de variación. En el ejercicio de su voluntad, El nos hizo nacer por la palabra de verdad, para que fuéramos las primicias de sus criaturas. Esto sabéis, mis amados hermanos. Pero que cada uno sea pronto para oír, tardo para hablar, tardo para la ira; pues la ira del hombre no obra la justicia de Dios. Por lo cual, desechando toda inmundicia y todo resto de malicia, recibid con humildad la palabra implantada, que es poderosa para salvar vuestras almas. Sed hacedores de la palabra y no solamente oidores que se engañan a sí mismos"* (Stg. 1:12-22).

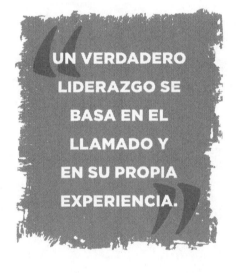

> UN VERDADERO LIDERAZGO SE BASA EN EL LLAMADO Y EN SU PROPIA EXPERIENCIA.

LOS RETOS DE SER UN BUEN LÍDER

Todo líder tiene retos que enfrentar. Muchos de estos son internos y otros externos; tales como:

- Ser siervo
- Ser de buen testimonio
- Enseñar
- Saber escuchar
- Planificar
- Pensar antes de actuar
- Esperar el tiempo correcto
- Tener una visión clara
- Aprender a delegar, es decir, delegar sin retomar lo delegado
- Ser claro al dar una orden
- Honrar la posición delegada
- Ser paciente
- Practicar la comunicación asertiva
- Ser íntegro
- Ser efectivo en ayudar a desarrollar a cada persona según sus cualidades y talentos
- Poner los fundamentos correctos
- Esperar a echar raíces para moverse
- No actuar por orgullo
- No guardar rencor
- Vencer la timidez
- No dejarse envolver por el desánimo
- Tener un propósito y seguirlo
- Sobrepasar el rechazo
- No actuar por egoísmo
- Buscar la unión del grupo o equipo
- Ser obediente
- Sujetarse a su autoridad
- No vanagloriarse
- Instruirse o capacitarse
- Ser un catalizador
- Ser comprometido
- Saber manejar la competencia y los celos
- No ser codicioso
- Motivar al otro a crecer
- Ser ejemplo para otros

CUALIDADES DE UN BUEN LÍDER

Un buen líder es aquel que:

- *Sabe controlar sus emociones y su carácter*
- *Sabe comunicar la visión*
- *Es firme y flexible*
- *Sabe confrontar*
- *Es humilde*
- *Es enseñable y moldeable*
- *Es organizado*
- *Es disciplinado*
- *Sabe honrar el trabajo de quienes lo siguen*
- *Pide consejo*
- *Sabe delegar*
- *Tiene pasión por lo que hace*
- *Reconoce el trabajo realizado*

- *Busca la unidad con los otros ministerios*
- *Ama y se interesa por sus seguidores*
- *Es puntual*
- *Es honesto*
- *Es responsable*
- *Es ejemplo para quienes lo siguen es decir hace primero, para que otros hagan después*
- *Saber pedir perdón y perdonar.*
- *Es obediente*

Lo que he querido mostrarle en este capítulo es que si desea ser el líder que Dios lo ha llamado a ser, debe aprender a pagar el precio, pasar el proceso de Dios y sobre todo, permitir que el Espíritu Santo identifique y moldee todas aquellas áreas que no le permitirán crecer en el liderazgo.

Su liderazgo debe estar enfocado en el lugar en que Dios lo ha llamado a estar porque hay personas con un corazón dispuesto a servir, pero que se encuentran estancadas y están quemando sus

dones por estar en el lugar equivocado. Por esta razón es necesario que le pregunte a Dios si el área de liderazgo que Él tiene es donde se encuentra actualmente sirviendo o sí tiene alguna relación con las artes.

VII

CÓMO INICIAR
Y ORGANIZAR EL
MINISTERIO DE ARTES

E l Ministerio de Artes como parte del cuerpo, es como todos los demás. Solo logrará un papel efectivo si está en conformidad con los demás ministerios. Muchos no consideran las artes como un ministerio. Conozco iglesias que aunque permiten la danza no la formalizan como tal y la razón es que "el Ministerio de la Danza" no está en la Biblia.

Los que tienen este concepto necesitan tener dos cosas en cuenta: la primera es que muchos otros de los ministerios de la iglesia tampoco están en la Biblia y, en segundo lugar, que la palabra "ministerio" es una palabra bíblica para referirse a las personas que sirven a Dios. Todo el que ministra, acerca y trae personas a Jesús es un ministro.

PRIMEROS PASOS

Antes de comenzar un ministerio en la iglesia debemos hablarle al apóstol o al pastor de la misma. Una vez que tenemos su bendición procederemos con pasos prácticos para el desarrollo del ministerio. Cuando ya tenemos toda la aprobación del liderazgo local no debemos seguir avanzando sin tener tres cosas en claro: visión, misión y propósito.

Visión. Es tener una imagen mental clara del futuro. Es muy importante tener en claro hacia dónde vamos, pues el que no sabe para dónde va, está perdido o ya llegó.

Misión. Podríamos decir que la misión es el modo en que se decide hacer realidad la visión.

Propósito. Es la razón por la cual hacemos algo.

Una vez que tenemos clara la visión, la misión y el propósito del ministerio debemos proseguir con estas prácticas sugerencias:

⁑ Escriba la visión del ministerio; debe estar alineada con la de su congregación.

⁑ Cree un logo y escoja los colores que identificarán a su ministerio.

* Convoque una audición en la congregación para evaluar a las personas tanto en lo físico como en lo espiritual, de igual manera que se elige la participación de los miembros de la alabanza y la adoración, buscando el potencial para desarrollar los dones y talentos. La manera de hacerlo es diciéndole a las personas que preparen una participación según el área que quieran desarrollar. Por ejemplo, en danza, pintura o en cualquier otro.

* Informe al Ministerio de Intercesión para que Dios le dé sabiduría para hacer una elección conforme a su voluntad.

* Organice un horario de ensayos fijos. Le recomiendo comenzar una vez a la semana, no más de tres horas.

* Prepare un acuerdo de compromiso. Más adelante le mostraré uno como ejemplo.

* Prepare un formulario de registración, este debe tener una cuota inicial para afrontar los gastos del ministerio. Esto siempre estará sujeto a la iglesia local, pero es importante iniciar de esta manera por los múltiples gastos que el Ministerio conlleva. Algunos de los gastos del Ministerio pueden ser:

  ◉ Camiseta con logo para los ensayos.

  ◉ Cuaderno.

  ◉ Biblias.

  ◉ Instrumentos.

  ◉ Una vestimenta básica del ministerio (por ejemplo, pantalón o falda blanca, leotardo blanco y una túnica de color).

* Una vez elegido el equipo que va a ministrar asegúrese de que hayan leído el acuerdo y estén dispuestos a comprometerse

con el mismo. Esto le ayudará a no tener conflictos con sus discípulos en el futuro.

※ Tiempo de prueba. Todas las personas que ya aceptaron ser parte del ministerio y fueron elegidas para tal función deben atravesar un tiempo de prueba; por lo menos durante tres meses. Durante este tiempo de ensayo, la preparación debe ser tanto física como espiritual. Por ejemplo, una hora de estudio de la Palabra, una hora de entrenamiento físico con un instrumento y una hora de adoración libre y expresiva, con el propósito de activar los dones del Espíritu.

※ La otra opción es enviarlos a una academia cristiana de artes, y una vez que finalicen por lo menos su primer semestre en la academia, puedan comenzar a participar de las clases. La ventaja de esto es que tendrá personas mejor preparadas y con mayor visión, lo cual llevará su ministerio a una mayor dimensión. La razón de esto se debe a que lo que ya está funcionando proyecta un aprendizaje más fácil. Su nuevo ministerio tendrá la esencia de uno que ya fue probado.

※ Eventualmente, formará un equipo a quienes pueda delegarles los calentamientos y entrenamientos. Todo esto se logra con más efectividad cuando su equipo ha sido enviado a entrenarse inicialmente en una escuela de artes, idealmente cristiana.

※ Es muy importante que la iglesia asigne un espacio al Ministerio de Danza, este debe mantenerse organizado todo el tiempo, con reglas de uso y horario.

A continuación hay una lista de algunos de los departamentos que lo ayudarán a organizar el ministerio. Para lograr un funcionamiento efectivo debe formar equipos a quienes pueda delegar estas tareas:

- ※ Departamento de Vestuario, Zapatos, etc.

- ※ Departamento de Peinado y Maquillaje.

- ※ Departamento de Instrumentos.

- ※ Departamento de Multimedia (fotógrafo, video, máquina de humo, luces, etc.).

- ※ Departamento de Papelería (e-mails, recordatorios, etc.)

- ※ Departamento de Finanzas.

- ※ Departamento de Auspiciantes.

ORDEN DE JERARQUÍA CONGREGACIONAL PARA EL MINISTERIO DE ARTES

Como todos los departamentos o ministerios de la iglesia, el Ministerio de las Artes debe seguir el orden del gobierno eclesiástico. Este orden mayormente está compuesto bajo las siguientes directrices:

1) Apóstol o pastor principal

Debido a que el pastor está envuelto en diferentes ministerios, no siempre se involucrará directamente en este, pero sí dará su cobertura y le debemos una total sujeción. Es muy importante que el corazón del líder del Ministerio de las Artes esté ligado al corazón del pastor y a la visión de la congregación.

2) Ancianos de la congregación

Es recomendable que uno de los ancianos de la congregación sea el responsable de supervisar los departamentos de intercesión, alabanza y adoración y artes creativas. Su involucramiento es para asegurarse de que la visión de estos ministerios se cumplan, supervisando y dándoles herramientas a los líderes para que manejen los ministerios delegados. En algunos casos, esto incluye contratar

profesionales para un mayor desarrollo. Es vital que la visión de estos departamentos mantenga la unidad tanto en lo físico como en lo espiritual.

3) Ministerio de Intercesión

El Ministerio de Intercesión es aquel que está siempre en la brecha, abriendo caminos. Es muy importante que se sientan parte de este equipo, ya que unidos en oración, clamor, voces, instrumentos y danza, podrán ser más efectivos para cumplir la misión. Un intercesor es un adorador y un adorador es un intercesor.

4) Ministerio de Alabanza y Adoración

Este ministerio tiene una gran función en la iglesia local debido a que su principal tarea es conectar el cielo con la Tierra. El Ministerio de Alabanza y el de Artes pueden lograr que la atmósfera espiritual cambie y el Espíritu de Dios se mueva en una mayor dimensión espiritual. Para lograr esto se deben honrar el uno al otro como equipo, entendiendo que el grupo de danza debe someterse al Ministerio de Alabanza. Por ejemplo, si el Ministerio de Alabanza cierto día tiene el sentir de hacer guerra espiritual, el equipo de danza debe unirse y apoyar esta iniciativa.

5) Ministerio de Artes Creativas y Proféticas

Ya está claro que el Ministerio de las Artes es una herramienta poderosa para la Iglesia de Cristo. Su efectividad en el mundo espiritual proviene de hijos con una clara identidad como embajadores y portadores de la gloria de Dios, los cuales usan sus dones y talentos para evangelizar y transformar la atmósfera y traer el cielo a la Tierra a través de su adoración. Ahora bien, sabemos que la visión del Ministerio de Artes debe ir en la misma línea que la visión de la congregación local. Por ejemplo, si la visión de la congregación es restaurar, esta debe ser el enfoque del Ministerio

de Artes. Si la visión primordial es evangelizar, este debe ser el enfoque del ministerio.

Es recomendable que el líder de este ministerio sea cambiado cada tres o cuatro años para evitar muchos de los estancamientos que describo en el capítulo denominado "Lo que nadie quiere hablar sobre las Artes y la Iglesia". Cuando el líder dirige el ministerio por un tiempo prudencial, lo mueve no solo a entregar toda su creatividad, sino que lo esfuerza a multiplicarse saludablemente entre sus discípulos para dejar que otros se desarrollen en el liderazgo.

6) Equipo de audio visión

Este departamento es el más "amado" por todos los ministerios, especialmente por el de artes. La excelencia de este departamento dependerá de un entrenamiento para perfeccionarse en la práctica del manejo de los equipos. Al ver este departamento cómo algo logístico, muchas veces no se considera la importancia que tiene en el fluir espiritual. La persona que esté a cargo debe estar conectada en el Espíritu para tener la sensibilidad de ser un facilitador para las personas que ministran. Algunos ejemplos bien prácticos pueden ser un micrófono que en el momento de comenzar alguna función no esté listo, no suene bien o haga algún silbido; la música en un nivel no adecuado, un video sin audio o que no se vea a tiempo, etc. Aparte de que esto muestra la poca excelencia con la cual muchas veces manejamos lo sagrado, detiene el fluir del Espíritu, distrae al ministro y a la audiencia.

ORGANIGRAMA DEL MINISTERIO DE ARTES

El organigrama que expongo es una sugerencia de cómo podría estar constituido el Ministerio de Artes, ya que debe ser ramificado de acuerdo a la necesidad, al tamaño o al desarrollo de su iglesia local.

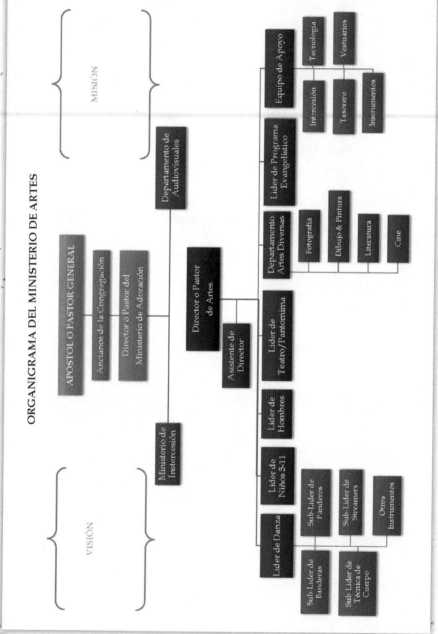

ORGANIGRAMA DEL MINISTERIO DE ARTES

MISIÓN

VISIÓN

APOSTOL O PASTOR GENERAL

Ancianos de la Congregación

Director o Pastor del Ministerio de Adoración

Departamento de Audiovisuales

Ministerio de Instercesión

Director o Pastor de Artes

Asistente de Director

Líder de Danza

Líder de Niños 5-11

Líder de Hombres

Líder de Teatro/Pantomima

Departamento Artes Diversas

Líder de Programa Evangelístico

Equipo de Apoyo

Sub-Líder de Banderas

Sub-Líder de Panderos

Sub-Líder de Técnica de Cuerpo

Sub-Líder de Streamers

Otros Instrumentos

Fotografía

Dibujo & Pintura

Literatura

Cine

Intercesión

Tecnología

Tesorero

Vestuarios

Instrumentos

Para posicionar a cada quien en el departamento correcto es muy importante que el líder pueda identificar el lado fuerte de cada uno de sus discípulos y activarlos donde puedan ser más efectivos para el avance tanto de ellos, como del ministerio. Es decir, hay personas que son mejores creando obras teatrales que danzando; hay danzores que son muy efectivos y rápidos para aprender coreografías, pero no tanto para romper espiritualmente lo que otros con menos entrenamiento tal vez puedan hacer. Y hay otros a quienes les resultan muy difíciles las coreografías y, en cambio, tienen la facilidad de abrir los cielos con su adoración espontánea o profética. En este caso, en vez de excluirlo como se hace la mayoría de las veces, el líder debe buscarle la posición adecuada donde pueda ser efectivo.

Lo ideal es encontrar la combinación de aquel que pueda ser ágil físicamente y al mismo tiempo traer el cielo a la Tierra mientras adora, sin embargo, no siempre ocurre de esta manera y un buen líder sabrá reconocer los dones y talentos de sus discípulos.

ACUERDO DE COMPROMISO

Finalmente, quiero ofrecerle esta herramienta que debido a la experiencia que he tenido con los diferentes directores de Ministerios de Danza en las iglesias, sé que le será de gran bendición en el suyo. Cada congregación tiene sus reglas y por eso es importante ajustar este acuerdo al tipo de congregación y liderazgo al que cada uno pertenece.

Fecha: _____

Yo, _____ estoy de acuerdo con el proceso de admisión de este ministerio y me someto a:

❃ Ser miembro de una congregación local.

- ※ Haber tenido la confirmación de Dios para ser parte de este ministerio.

- ※ Ser un adorador en espíritu y en verdad.

- ※ Haber pasado por el proceso de membresía de la congregación.

- ※ Buscar la aprobación de líder inmediato.

- ※ Después de haber firmado el acuerdo de compromiso, estar dispuesto a pasar por un tiempo de prueba (pre-miembro), aprendiendo y mostrando la fidelidad por un mínimo de doce secciones de clases (3-4 meses), a discreción del líder.

- ※ Pasar el examen final.

- ※ Estar dispuesto a dar mis dones y talentos para el desarrollo del equipo.

- ※ Tener una visión clara del ministerio.

- ※ Amar y cuidar a mi líder, teniendo una ligadura de corazón por el Espíritu y una relación saludable y transparente.

- ※ Ser leal al líder y al ministerio.

- ※ Tener disposición para pagar el precio por ser parte del ministerio, en todo el sentido de la palabra.

- ※ Tener una posición enseñable, flexible, con gracia y con espíritu de servir.

- ※ Llevar una vida de oración y comunión con el Señor.

- ※ Leer la Biblia diariamente.

- ※ Ayunar con el grupo cuando se me pida, e individualmente, según las necesidades personales

- ※ Vivir una vida de santidad.

- ※ Ser íntegro en todo lo que hago; dentro y fuera de la iglesia ser de buen testimonio para el mundo.

- Vestir apropiadamente en las presentaciones y fuera de las mismas, pues somos ministros de Dios, especialmente porque usamos nuestro cuerpo para ministrar.

- Guardar mis oídos de palabras obscenas y música que no llena el espíritu.

- Sujetarme a las autoridades y compañeros.

- Estar dispuesto a recibir corrección, no solo de mis líderes, sino también de mis hermanos.

- Amor y unidad. Si tengo algún problema con mis compañeros, hablaré con ellos, y si no puedo solucionarlo entonces me acercaré al líder con un corazón que promueva la unidad y el éxito del equipo.

- Honrar y respetar al líder y a cada persona a su alrededor. No permitir que nadie hable mal de mis hermanos.

- Guardar mi testimonio dentro y fuera de la congregación porque somos representantes del Reino de Dios.

- Presentar mi cuerpo como un sacrificio vivo en las áreas de los hábitos de comer y hacer ejercicios.

- Cuidar apropiadamente los instrumentos y todo tipo de herramientas.

- Si falto a un ensayo debo llamar a un compañero para ponerme al día. Tres ausencias me llevarán a estar ___ meses fuera del ministerio. El exceso de ausencias le da derecho al líder de expulsarme del ministerio.

- La puntualidad es extremadamente importante. Si llego tarde, integrarme al grupo inmediatamente sin interrumpir. Tres tardanzas equivalen a una ausencia. Tres ausencias equivalen a _____ meses fuera del ministerio.

※ En los días de ministración debo estar en la iglesia dos horas antes. Inmediatamente que término de vestirme debo unirme a los demás para orar. Llegar tarde el día de ministración puede traer como consecuencia mi falta de participación.

※ Cuando ministre debo llevar la Biblia, el diezmo listo para entregarlos, pero cuando salga fuera de la iglesia debo llevar una ofrenda, ya que cada uno debe diezmar en la iglesia a la cual pertenece.

※ No debo masticar chicle en los momentos de ensayos o ministración. (Como siempre digo: "¡O se lo tragan o lo votan!").

※ Mostrar pasión y excelencia en todo momento.

※ Los uniformes NO me pertenecen, son del ministerio local. Lo ideal es que cada uno pague por la confección, y la iglesia por la tela. Mientras sea parte del ministerio debo mantener los uniformes limpios y listos para usar. Son piezas sagradas y apartadas para darle culto a Dios.

※ Mantener la higiene personal todo el tiempo. El pelo de la cara recogido y no usar prendas muy grandes para evitar accidentes.

※ Llegar los ensayos con el uniforme puesto. Si se me olvida el uniforme, solo puedo quedarme a observar.

※ No se permiten visitas en el salón durante los ensayos, a menos que se le solicite permiso al líder por anticipado.

※ Esta última sección debe ser firmada, recortada y entregada al líder.

Yo creo en la misión y visión del ministerio.

EJEMPLO: Misión del ministerio: "Preparar a las personas de manera física y espiritual, y así alcanzar a mi ciudad a través de la excelencia y el profesionalismo de las artes, trayendo liberación, sanidad, gozo y provocando la presencia de Dios en todos los lugares".

Resolución. Entiendo que debo pasar un tiempo de aprobación. En este tiempo me comprometo a someterme a mi líder y a todas reglas escritas.

Aceptación. Entiendo que mientras esté en el tiempo de prueba, está la posibilidad de no ser aceptado permanentemente en el ministerio. Debo someterme al liderazgo y a la decisión tomada por el ministerio sin que esta se convierta en algo personal.

Compromiso. Me comprometo a dar lo mejor de mí en todas las áreas de mi vida para que Dios me use en este ministerio poderosamente.

Nombre del miembro: _____

Firma del miembro: _____

Nombre del líder: _____

Firma del líder: _____

LENGUAJE DEL REINO

Con el título de este capítulo pensará que hablaré de las diferentes maneras de cómo comunicarnos con Dios, pero en realidad lo que quiero destacar es que el Padre tiene un lenguaje distinto al de nosotros y que muchos hoy en día se han limitado a escuchar la opinión de los hombres y se han olvidado de lo que Dios piensa de ellos. La Biblia dice que *"En aquel día —afirma*

el Señor Todopoderoso— te tomaré a ti, mi siervo Zorobabel hijo de Salatiel —afirma el Señor—, y te haré semejante a un anillo de sellar, porque yo te he elegido, afirma el Señor Todopoderoso" (Hag. 2:23).

Este anillo de sellar era de gran valor en ese tiempo porque servía para sellar los edictos. La importancia que usted tiene para Dios es inigualable. A continuación quiero resaltar algunos de los nombres que Dios nos da.

HIJOS CON IDENTIDAD

¿Qué es identidad? Según *www.thefreedictionary.com*, identidad es el conjunto de características, datos o informaciones que son propias de una persona o un grupo y que le permiten diferenciarse del resto.

Una de las mayores armas de Satanás para quitarnos el propósito de Dios es la falsa identidad. Por años hemos sido bombardeados por la sociedad, padres, amigos, maestros, entre otros, que han definido consciente o inconscientemente nuestra identidad. Muchas veces, sus comentarios han marcado nuestra vida para siempre y hemos creído en sus palabras como una verdad. Ya no hay que asumir más si ellos están en lo cierto o no, pues podemos buscar en la Palabra de Dios la verdadera definición de la misma.

Nuestra identidad no debe ser definida por el mundo. Cuando tiene la revelación de quién es en Cristo nada lo moverá al lado del enemigo, ya que ni este ni el mundo podrán traer más confusión a su vida. La falta de identidad nos hace despreciar lo que somos y querer ser como otros, cuando esto sucede estamos despreciando a nuestro Creador, el cual nos hizo a su imagen y semejanza. Cuando una persona no tiene identidad se deja arrastrar por el lenguaje de los hombres y vive confundido.

¿Qué dice la Palabra de Dios sobre quiénes somos? ¿Realmente sabe quién es y el poder que hay en usted para cambiar el mundo? La Biblia dice que somos coherederos con Cristo si padecemos juntamente con Él. *"Porque si vivís conforme a la carne, moriréis; mas si por el Espíritu hacéis morir las obras de la carne, viviréis. Porque todos los que son guiados por el Espíritu de Dios, éstos son hijos de Dios. Pues no habéis recibido el espíritu de esclavitud para estar otra vez en temor, sino que habéis recibido el espíritu de adopción, por el cual clamamos: ¡Abba, Padre! El Espíritu mismo da testimonio a nuestro espíritu, de que somos hijos de Dios. Y si hijos, también herederos; herederos de Dios y coherederos con Cristo, si es que padecemos juntamente con él, para que juntamente con él seamos glorificados"* (Ro. 8:13-17).

Cada uno de nosotros tenemos un lugar específico y una misión específica. Cuando tiene la revelación de tal llamado de parte de Dios, no tiene que envidiar o codiciar a nadie, sino bendecir a todos porque conoce su identidad en Cristo. Dios le dará un campo para trabajar en el Reino de Dios y también le dará la gracia y la gente que necesita para influenciar y ser parte de esa misión. Lo más interesante es que este lugar que Él tiene para usted estaba listo desde antes de su creación en el mundo. *"Y él os dio vida a vosotros, cuando estabais muertos en vuestros delitos y pecados, en los cuales anduvisteis en otro tiempo, siguiendo la corriente de este mundo, conforme al príncipe de la potestad del aire, el espíritu que ahora opera en los hijos de desobediencia, entre los cuales también todos nosotros vivimos en otro tiempo en los deseos de nuestra carne, haciendo la voluntad de la carne y de los pensamientos, y éramos por naturaleza hijos de ira, lo mismo que los demás. Pero Dios, que es rico en misericordia, por su gran amor con que nos amó, aun estando nosotros muertos en pecados, nos dio vida juntamente con Cristo (por gracia sois salvos), y juntamente con él nos resucitó, y asimismo nos hizo sentar en los lugares celestiales con Cristo Jesús,*

para mostrar en los siglos venideros las abundantes riquezas de su gracia en su bondad para con nosotros en Cristo Jesús" (Ef. 2:1-7).

Cuando trabaja para Dios no tiene necesidad de venderse o empujar a alguien a que conozca sus talentos, sino que a medida que sea fiel en lo poco con lo que Dios ha puesto en su mano, Él lo pondrá en lo mucho.

Una vez recibí una gran invitación de personas que ministraban en medios muy reconocidos e internacionales; estaba muy feliz, pues pensé: "Dios me está moviendo a un nivel mayor". Llegó el día de participar juntos en la primera actividad, pero en el evento pude apreciar que estas personas no estaban pensando en bendecir a la gente, sino en sacarles dinero para enriquecerse ellos mismos. En el servicio se enfocaron en sacarle una ofrenda a los presentes y pudieron recaudar más de lo que el 80 por ciento de los americanos ganan al año. Las personas entregaron todo lo que tenían, títulos, terrenos, dinero, etc. Y a mí me otorgaron un monto extraordinario, tanto que les pregunté: "¿Por qué tanto dinero?" A lo que ellos contestaron: "Nosotros no somos como otros ministerios que no bendicen a los siervos de Dios; nos gusta bendecir a los siervos que ministran, te aseguramos que con nosotros te irá muy bien". Entonces, Dios me mostró que querían comprarme y usar mi ministerio para lograr ciertos objetivos. Ese fue el último día que los vi, y aunque me invitaron a otros eventos no acepte su invitación.

> **LA VERDADERA IDENTIDAD EN NOSOTROS SE REFLEJARÁ EN TODO LO QUE HACEMOS.**

Somos servidores llamados a bendecir y a extender el Reino de Dios en la Tierra. Lo que Dios le ha dado no está a la venta; no "se venda" tan barato, pues Él pago un alto precio por su redención. ¡Cuando reconozca quién es realmente en Cristo, empezará actuar como tal! Es tan importante que reciba esta revelación de cuidar lo que Dios ha puesto en su mano que, si no lo hace, todo se marchitará. La verdadera identidad en nosotros se reflejará en todo lo que hacemos.

HIJOS CON PROPÓSITO

Las personas viven con muchos sueños que no se realizan, y esto es porque no han entendido que todos sus sueños serán cumplidos en Cristo. Él nos dio un valor y una identidad.

Saber, comprender y estar plenamente convencido de lo que Dios dice que usted es, le ayudará a cambiar su identidad y a encontrar su propósito. Puede repetir cada día delante del espejo lo que es en Cristo y para Cristo, y esto fortalecerá su identidad y confirmará su propósito en Dios. La Biblia dice: *"Y renovaos en el espíritu de vuestra mente"* (Ef. 4:23).

- ✺ Soy la sal de la tierra (Mt. 5:13)
- ✺ Soy la luz del mundo (Mt. 5:14)
- ✺ Soy la vid verdadera y un canal de la vida de Cristo (Mt. 15:1,5)
- ✺ Soy amigo de Cristo
- ✺ Soy elegido por Cristo para llevar sus frutos
- ✺ Soy siervo de la justicia
- ✺ Soy servidor de Dios
- ✺ Soy hijo de Dios; Él es mi Padre (Gl. 3:26; 4:6)

- Soy coheredero de Cristo, comparto su herencia con Él (Ro. 8:17)

- Soy templo y morada de Dios. Su Espíritu mora en mi

- Soy un espíritu con Él

- Soy miembro del cuerpo de Cristo (Ef. 5:30)

- Soy una nueva creación

- Soy reconciliado con Dios y ministro de reconciliación

- Soy heredero de Dios

- Soy santo (1 Co. 1:2; Flp. 1:1, Col. 1:2)

- Soy hechura de Dios, su obra especial, nacido de nuevo en Cristo para ser su obra (Ef. 2:10)

- Soy ciudadano del cielo y estoy sentado con él ahora mismo (Ef. 2:6)

- Soy alguien escondido con Cristo en Dios

- Soy la expresión de la vida de Cristo porque Él es mi vida

- Soy escogido de Dios, santo y amado (1 Ts. 1:4)

- Soy hijo de luz y no de oscuridad

- Soy una de las piedras vivas de Dios y estoy siendo edificado en Cristo como una casa espiritual

- Soy linaje escogido, un sacerdocio real, una nación santa, un pueblo adquirido por Dios

- Soy un extranjero en este mundo en el cual vivo temporalmente

- Soy enemigo del diablo

- Satanás no puede tocarme

De las declaraciones mencionadas me referiré a algunas de ellas que considero más importantes para mantener una identidad clara y desarrollarnos como verdaderos adoradores.

HIJOS Y ADORADORES

Solo los adoradores que entienden que son hijos pueden tomar su herencia. Al adorar con una identidad clara, lo hará con mayor efectividad porque en el espíritu accederá al cielo y tomará lo que es suyo para traerlo a la Tierra. Muchos se enfocan en cómo lo hicieron, quiénes los vieron o si gustaron, porque esperan la aceptación de los presentes. ***Pero los hijos saben que dondequiera que estén algo extraordinario va a suceder porque están conscientes del poder de Dios manifestado a través de aquellos que adoran en espíritu y en verdad.*** Debemos estar seguros de que cuando adoramos a Dios en espíritu siempre habrá una impartición del Espíritu Santo, pues nada puede ser igual cuando Dios llega a un lugar.

Ministerios de Alabanza y Adoración. La adoración es la expresión de la llama que está dentro suyo. No hay un método específico para atraer la presencia de Dios y menos aún para mantener esta presencia para que continue aumentando, pero algo que sí puedo decirle es que cuando adoramos de una manera extravagante, esto mueve el corazón de Dios. David fue nuestro mejor ejemplo al decir que todo lo que respira debe alabar a Jehová. Lo que quiere decir es que cuando Dios está en un lugar nada se queda quieto, todo se revoluciona para expresar lo que está dentro.

Al dirigir los servicios es importante que los adoradores ensayen, se preparen y tengan una lista de canciones como referencia; pero en el momento de la ministración les sugiero que escuchen la dirección de lo que Dios quiere decir en ese día. Todos los días Dios tiene algo nuevo para decirle a su pueblo y usted es ese

instrumento y esa voz que Él quiere usar para traer su mensaje, ese diseño nuevo que solo puede ser dado a través de hijos que le adoran con libertad.

HIJOS SOBRENATURALES

La palabra "sobrenatural" significa "por encima, arriba de, algo que excede la forma natural". El apóstol Guillermo Maldonado dijo: "Lo sobrenatural es un ámbito que tiene un orden de existencia que va más allá de lo natural y tiene dominio sobre esta dimensión natural. Lo sobrenatural tiene la habilidad de trascender el mundo espiritual y manifestarse de forma tangible y visible en la Tierra, con señales, milagros y maravillas". De esta manera, los adoradores tenemos el potencial de lograr todo esto si nos mantenemos conectados a la fuente del Espíritu Santo. Nuestra función como adoradores es traer a la Tierra exactamente lo que está pasando en el cielo. Su adoración no debe estar basada en lo que esté pasando a su alrededor, sino en la realidad del cielo.

Toda creación de Dios es sobrenatural, esa es la razón por la que las personas hacen cosas que no son naturales sin conocer a Dios. Evidentemente, las fuentes que utilizan son equivocadas. Lo sobrenatural no hay que forzarlo, ya existe; solo hay que reconocerlo y actuar con certeza usando la fuente correcta que es el Espíritu Santo. No tienes que hacer nada para ganarse esos beneficios, la herencia es suya y completamente gratis. ¡Disfrútela!

HIJOS MENSAJEROS

La adoración es una manera de hablar con Dios. Cuando estamos en la adoración profética provocamos su presencia de tal manera que Dios empieza a hablar sobre un tema específico; y si realmente queremos escuchar las instrucciones de Dios para ese

día, debemos retomar desde ese punto profético. Como adoradores entendemos que somos mensajeros y, muchas veces, ese mensaje no podemos transmitirlo efectivamente porque no discernimos su voz.

Mientras ministramos debemos honrarnos unos a otros y entender que el mensaje del día puede venir de cualquier persona, de acuerdo al orden de Dios. Es importante que cuando llegue este mensaje podamos ejecutarlo efectivamente. Un ejemplo práctico de esto es cuando los danzores vamos a ministrar y comenzamos alabar a Dios diciéndole lo mucho que le amamos y que le entregamos hasta lo más profundo de nuestros corazones. Pero cuando Dios está listo para hablarnos durante la adoración, sentimos el poder de Dios tan fuerte que físicamente no podemos soportarlo y en vez de seguir las instrucciones de lo que Él quiere que digamos o hagamos con nuestros movimientos, nos tiramos al piso o nos vamos a una esquina a llorar.

Los predicadores no tiran el micrófono en medio de un mensaje, cuando se manifiesta el Espíritu Santo. Al contrario, aprovechan esa manifestación para transmitir su mensaje con mayor efectividad. De la misma manera, nosotros no debemos abandonar la adoración cuando Dios comienza a hablarnos, sino que debemos aprovecharla y transmitir lo que Él quiere decir. Un hijo consciente que donde quiera que esté tiene un mensaje de Dios el Padre para transmitir, es lo que entendemos por "mensajero".

Siempre consideramos a los predicadores, a los profetas y a las personas que usan sus cuerdas vocales como mensajeros de Dios; pero los danzores, los músicos y quienes hacemos otro tipo de artes también lo somos y mediante los movimientos e instrumentos igualmente transmitimos un mensaje del cielo.

PORTADORES DE SU GLORIA

Muchos reciben al Señor y hasta se convierten en sus mensajeros, pero siguen creyendo que no han alcanzado la suficiente santidad como para poseer dentro de sí mismo la gloria de Dios. No sé si se identifica con esto, pero cuando conocí a Jesús estuve mucho tiempo clamando a Dios por algo que ya me pertenecía en el mundo espiritual; esto hizo que inconscientemente se vea afectada mi relación con el Padre.

Usualmente, los adoradores se enfocan mucho en el entrenamiento, el conocimiento y la preparación. Como directora de una escuela de artes cristiana no tengo nada en contra de esto, pero cuando nos enfocamos solo en entrenarnos y dejamos de lado nuestra función como portadores de su gloria, olvidamos que toda la naturaleza del cielo está dentro de nosotros. Ser un exitoso colaborador de Cristo en la Tierra no se trata de pedir poder; sino de reconocer que el poder ya está dentro suyo.

> **NO SE TRATA DE PEDIR PODER; SINO DE RECONOCER QUE EL PODER YA ESTÁ DENTRO SUYO.**

HIJOS DE HONRA

Como hijos, nos movemos en una cultura de honra y para honra, y entendemos que todos los miembros del cuerpo de Cristo son valiosos para Dios. A diferencia del mundo no nos dejamos llevar por lo que vemos del hermano, sino por cómo Dios lo ve.

La Biblia dice que Samuel le advirtió a Saúl lo que iba a pasar cuando él llegara a la compañía de los profetas. Este trozo bíblico está en 1 Samuel 10:5-10; allí tiene algunos detalles importantes sobre la honra, pues la forma de recibir a alguien hablará sobre los frutos que se obtendrán.

Leamos el relato de las instrucciones de Samuel a Saúl y encontremos juntos lo que quiero expresar:

"Después de esto llegarás al collado de Dios donde está la guarnición de los filisteos; y cuando entres allá en la ciudad encontrarás una compañía de profetas que descienden del lugar alto, y delante de ellos salterio, pandero, flauta y arpa, y ellos profetizando. Entonces el Espíritu de Jehová vendrá sobre ti con poder, y profetizarás con ellos, y serás mudado en otro hombre. Y cuando te hayan sucedido estas señales, haz lo que te viniere a la mano, porque Dios está contigo. Luego bajarás delante de mí a Gilgal; entonces descenderé yo a ti para ofrecer holocaustos y sacrificar ofrendas de paz. Espera siete días, hasta que yo venga a ti y te enseñe lo que has de hacer. Aconteció luego, que al volver él la espalda para apartarse de Samuel, le mudó Dios su corazón; y todas estas señales acontecieron en aquel día. Y cuando llegaron allá al collado, he aquí la compañía de los profetas que venía a encontrarse con él; y el Espíritu de Dios vino sobre él con poder, y profetizó entre ellos".

Así como se recibe bendición de un profeta, de esta manera también se recibirá la bendición de un adorador que danza cuando lo reciben como tal. Los adoradores traen un mensaje de parte de Dios como cualquier otro ministro. No somos inferiores a ningún otro ministerio, y esto lo digo con mucho respecto. Pues la Biblia dice: *"El que a vosotros recibe, a mí me recibe; y el que me recibe a mí, recibe al que me envió. El que recibe a un profeta por cuanto es profeta, recompensa de profeta recibirá; y el que recibe a un justo por cuanto es justo, recompensa de justo recibirá. Y cualquiera que dé a*

uno de estos pequeñitos un vaso de agua fría solamente, por cuanto es discípulo, de cierto os digo que no perderá su recompense" (Mt. 10:40-42).

Cuando honramos el Ministerio de las Artes como adoradores, Dios también nos honra. Jesús habló sobre la honra cuando dijo: "De cierto, de cierto os digo: El que recibe al que yo enviare, me recibe a mí; y el que me recibe a mí, recibe al que me envió" (Jn. 13:20).

En una de mis invitaciones a la República Dominicana, fui a ministrar a un lugar y cuando comencé mi ministración me di cuenta de que no podía fluir con la facilidad con que usualmente lo hago. Era como si hubieran paredes bloqueando la entrada del Espíritu Santo, y no entendía el porqué; pero luego me di cuenta que aunque había un Ministerio de Danza en esa congregación local, el pastor no había entendido en su totalidad la función del ministerio y, por ende, el bloqueo venía de parte de él como cabeza. Esta experiencia se volvió a repetir en otro lugar hasta que por fin pude entender cómo estaba operando el asunto de la honra.

Esto muestra claramente la verdad de la Palabra de Dios acerca de la recompensa que tiene aquel que recibe a un profeta. También, la Palabra aclara: "Y cualquiera que dé a uno de estos pequeñitos un vaso de agua fría solamente, por cuanto es discípulo, de cierto os digo que no perderá su recompensa" (Mt. 10:42).

Muchas personas no honran a un ministro porque no reconocen el ministerio o a la persona por la familiaridad. Esta familiaridad es un enemigo de la recompensa. Cuando las personas de su pueblo vieron a Jesús lo menospreciaron, y esta fue la razón principal por la que allí no ocurrieron muchos milagros. Esto fue lo que ocurrió: "¿No es éste el carpintero, hijo de María, hermano de Jacobo, de José, de Judas y de Simón? ¿No están también aquí con nosotros sus hermanas? Y se escandalizaban de él. Mas Jesús les decía: No hay profeta sin honra sino en su propia tierra, y entre sus parientes,

y en su casa. Y no pudo hacer allí ningún milagro, salvo que sanó a unos pocos enfermos, poniendo sobre ellos las manos" (Mc. 6:3-5).

La honra no se pide, la honra simplemente se da. Si esto está ocurriendo dentro de su congregación, ore, calle y dé frutos. Le aseguro que cuando el Ministerio de Artes empiece a dar frutos la honra vendrá por sí misma. Si va a ministrar fuera de su congregación, antes de aceptar una invitación asegúrese de hablar y aclarar su función con el pastor principal, para que no solo el líder que lo invitó esté de acuerdo con lo que va a ministrar, sino también el pastor, pues el orden del Reino no se equivoca, todo fluye desde la cabeza. Si hay dudas en el pastor, no honrará lo que Dios hace a través suyo y esto estancará el mover del Espíritu.

TEMPLOS DEL ESPÍRITU

¿O ignoráis que vuestro cuerpo es templo del Espíritu Santo, el cual está en vosotros, el cual tenéis de Dios, y que no sois vuestros? Porque habéis sido comprados por precio; glorificad, pues, a Dios en vuestro cuerpo y en vuestro espíritu, los cuales son de Dios" (1 Co. 6:19).

Entendemos que parte de nuestra función diaria consiste en llenarnos de su Espíritu y estoy de acuerdo que esto es indispensable, pero he visto a personas llenas de Dios y estancadas en sus ministerios porque se preocupan tanto por el cómo, dónde, cuándo y con quién Dios los usará, que se olvidan de que son templo del Espíritu Santo y que, por ende, son túneles que traen el cielo a la Tierra. Si ese túnel está sucio lo que va a fluir a través de él será limitado.

Mientras más se ocupe de mantener su cuerpo limpio, más espacio habrá para que fluya el poder de Dios; cuando reconocemos que somos templo de Dios, este se manifiesta con mayor gloria.

Una persona que sabe que Dios mora en ella no estará preocupada por los detalles, en vez de ocupar su mente en las limitaciones o aspiraciones personales, canalizará su energía en cumplir Su propósito consciente de que será útil en todo momento y lugar: *"Así que, hermanos, os ruego por las misericordias de Dios, que presentéis vuestros cuerpos en sacrificio vivo, santo, agradable a Dios, que es vuestro culto racional"* (Ro. 12:1).

Somos obras maestras de Dios. ¡Cuidemos el templo del Espíritu Santo!

La danza Creativa
y Profética

S egún la descripción de la enciclopedia electrónica Wikipedia:
"La danza es una forma de arte en donde se utiliza el movimiento del cuerpo, usualmente con música, como una forma
de expresión, de interacción social, con fines de entretenimiento,

artísticos o religiosos. La danza también es una forma de comunicación, ya que se usa el lenguaje no verbal entre los seres humanos, donde el bailarín o bailarina expresa sentimientos y emociones a través de sus movimientos y gestos. Se realiza mayormente con música, ya sea una canción, una pieza musical o sonidos; y no tiene una duración específica, ya que puede durar segundos, minutos, u horas. Dentro de la danza existe la coreografía, que es el arte de crear danzas. A la persona que crea coreografía se la conoce como "coreógrafo". La danza puede bailarse con un número variado de bailarines, va desde lo solitario, en pareja o grupos, pero el número por lo general dependerá de la danza que se va a ejecutar y también de su objetivo; en algunos casos más estructurados, de la idea del coreógrafo".

En este capítulo estaré hablando de la danza creativa y profética, tanto de los temas prácticos como espirituales, y aunque comienzo definiendo diferentes tipos de danza, el enfoque del capítulo estará basado más en lo espiritual.

DIFERENTES TIPOS DE DANZA

La diferencia entre el baile secular y la danza es que el baile secular es para entretenimiento o para darle placer a la carne. En la danza los movimientos corporales están centrados en glorificar y comunicarse con Dios. Los movimientos corporales de la danza se centran en reconocer Su grandeza y hablar de Sus maravillas, sabiendo que Dios no solo tiene oído para oír, sino también ojos para ver. Cuando danzamos estamos expresándonos con Dios y Él responde. La danza, al igual que en el baile, lleva un mensaje, pero la danza está centrada en transmitir mensajes evangelísticos y proféticos, entre otros.

LA DANZA LITÚRGICA

Hay diferentes tipos de danzas litúrgicas: la danza espontánea, davídica o mesiánica, expresiva, profética, de guerra, de sanidad, evangelística, aérea, danza de intercesión, danza de liberación, entre otras. Sin excluir todos los tipos de instrumentos que existen para adorarle, siendo el pandero el más popular de todos en la Biblia.

En Éxodo 15:20 la Biblia habla del pandero cuando los hijos de Dios celebraban el cruce victorioso del Mar Rojo: *"Entonces María, la profetisa, hermana de Aarón, tomó un pandero en su mano, y todas las mujeres salieron detrás de ella con panderos y danzas".*

A continuación describo algunos de los tipos de danzas mencionados, según consideremos apropiados para cada ocasión:

La danza espontánea. Se le llama "danza espontánea" a los movimientos corporales sin ningún ensayo previo. Esta puede ser individual o en grupo. Este estilo de danza es igualmente reconocida como "danza libre". Cualquier tipo de danza puede ser espontánea. Puedo relacionar la danza espontánea, musicalmente hablando, con los adoradores cuando dirigen la alabanza y la adoración de un cántico nuevo o espontáneo.

La danza expresiva. Son movimientos corporales que expresan lo que está en su corazón, alma y espíritu. Es una manifestación física de su relación íntima con Dios. Esta danza es ensayada porque acompaña el ritmo de la música e interpreta las letras de la canción. También es reconocida como "danza intérprete". Con esta forma de adoración podemos ministrar gozo, victoria, júbilo, en fin, con este tipo de danza podemos traer la presencia de Dios de tal manera que experimentemos milagros, sanidades y liberación. En otras palabras, algunas de las manifestaciones del Espíritu Santo. De esta danza es de donde surge lo que llamamos la "danza

profética". Podemos relacionar esta danza expresiva, musicalmente hablando, con los adoradores cuando van a adorar con canciones antes ensayadas.

La danza profética. *Mientras que la danza expresiva es la
manera de comunicarnos con Dios, la danza profética es una
de las formas en que Él se comunica con su pueblo. De la misma
manera que el profeta o predicador usa sus cuerdas vocales para
comunicar un mensaje de parte Dios, igualmente, de una manera
creativa Dios usa la danza, el teatro, la pantomima y las demás
artes e instrumentos musicales para traer un mensaje del cielo a
la Tierra y bendecir a su pueblo.* La danza profética solo proviene
de un adorador que se mantiene en santidad y tiene una buena
relación con el Espíritu Santo.

La Palabra de Dios dice en Efesios 2:6: *"Y juntamente con él nos
resucitó, y asimismo nos hizo sentar en los lugares celestiales con
Cristo Jesús"*. Eso me dice que mi mente, alma y cuerpo lo adoran
desde la Tierra, pero mi espíritu lo adora desde el cielo. Esta adoración es la que transforma atmósferas y lleva vidas a los pies de
Cristo Jesús.

Una danza profética proviene solamente de su espíritu. Por eso
es importante ejercitar la dependencia total del Espíritu Santo.
Cuando danzo usando mis sentimientos limito a Dios a hacer solo
lo que yo puedo hacer y no lo que Él puede hacer. Pero cuando lo
hago con Dios, no me limito a mis fuerzas ni a mi conocimiento o
emociones.

Puedo relacionar la danza profética, musicalmente hablando,
con los adoradores que usan sus instrumentos para traer un mensaje a través de las cuerdas vocales y los instrumentos, proféti-
camente. Esto solo se logra si Dios quiere hablar a su pueblo y los adoradores (músicos) son sensibles para escuchar sus instrucciones y
fluir bajo la unción profética de ese momento.

EL PODER EN LA DANZA PROFÉTICA

Hay muchas preguntas acerca de la danza profética, y es muy importante que todo lo que hagamos sea con entendimiento. La danza profética es provocada y ejecutada por un cuerpo disponible, a través del cual el Espíritu Santo puede manifestarse.

Hay varias maneras en que puedo identificar lo que es una danza profética. Esta puede ser intencional o ensayada. El mensaje se saca directamente de la Biblia y la danza debe relatar la Palabra de Dios, solo que en vez de que esta sea leída, se interpreta creativamente a través de una forma de arte, en este caso, la danza.

Si el Espíritu Santo puede hablarnos a través de su Palabra cuando la leemos o escuchamos, mucho más cuando podemos ver la Biblia en acción.

Otra manera en que la danza profética puede darse es en un momento inesperado en medio de la alabanza y la adoración. El Espíritu Santo le dará instrucciones para hacer algunos movimientos específicos con su cuerpo o instrumentos. Puede ser que dé vueltas en el lugar con las banderas para declarar victoria o romper algo en el mundo espiritual. Otra manera puede ser por medio de un pandero para traer liberación en el lugar o a alguien específico. También puede decirle que saque un manto de un color específico, por ejemplo rojo, para declarar la sangre de Cristo sobre ese lugar. Pueden ser innumerables cosas, entre ellas algunas bien extrañas. ¡Requerirá gente osada y obediente que siga Sus instrucciones!

La tercera manera que puedo identificar es por medio de una danza espontánea o expresiva y la intervención del Espíritu Santo que responde a su adoración y usa su cuerpo para hablarle al pueblo a través de sus movimientos.

Sé que no son las únicas formas, pero estas son las que puedo identificar y explicar con más facilidad. Para que tenga una idea más clara de lo que quiero decir, voy a ilustrarlo y compararlo con algo que experimentan todos los cristianos: la oración. Usualmente, cuando comenzamos a orar lo hacemos mentalmente, quizás como motivo de agradecimiento o alabanza, pero a través de la práctica de la oración llega un momento en que uno sabe que dejó de estar en la mente para pasar a una oración en el Espíritu. En otras ocasiones comenzamos a orar y solo al abrir la boca podemos entrar en una oración de espíritu a Espíritu; o en otras ocasiones Dios simplemente nos mueve a declarar por cosas específicas para mover y quitar a través de una oración de intercesión en lenguas habituales o angelicales. Así se siente cuando alguien está danzando en el espíritu.

En la danza sucede lo mismo, mientras movemos nuestros cuerpos hay un receptor, el Espíritu Santo, a quien se le está hablando y muchas veces se producen movimientos proféticos que rompen o establecen algo en la atmósfera espiritual. Estos son considerados movimientos proféticos porque es el mismo Dios quien los está estableciendo.

Para la danza profética no se requiere ningún entrenamiento previo. O sea que no tiene que ir a una escuela y tomar clases técnicas para poder fluir en danza profética. El Espíritu Santo puede tomar a una persona y esta realizar un acto que quizás no vuelva a repetirse. En otros casos, como nos sucede a nosotros, tenemos un poco de entrenamiento y este nos permite tener más vocabulario corporal para comunicar el mensaje efectivamente. La importancia que tiene el entrenamiento para los que queremos usar la danza como un medio de llevar un mensaje, es que este nos permite ser más comunicativos. Es como aprender un idioma nuevo,

las personas que más saben determinados idiomas son aquellas que con más facilidad pueden comunicarse con personas de los países que hablan dicho idioma. Muchas personas pueden tener el mensaje en la mente; pero se les hará más difícil comunicarlo si no tienen la habilidad para hacerlo.

La danza profética no tiene que ser con movimientos rápidos ni suaves, consiste simplemente en ser sensible a lo que Dios quiere decir, y ejecutarlo.

Una de las indicaciones para saber que se está danzando en el espíritu es el fluir con facilidad y hacer cosas que con sus habilidades normales tal vez no haría. Es lo mismo cuando hacemos cualquier otra actividad en el espíritu, por ejemplo, cuando escribimos, predicamos, cantamos bajo su unción; en estos casos notamos un fluir fácil y sin mucho esfuerzo.

Mientras danza en el espíritu, es importante ser obediente y hacer lo que el Espíritu le indique hacer, claro está que todo esto es bajo el orden ya establecido en el lugar donde esté ministrando. Si es en su congregación usted pone los parámetros y si es en otra congregación pregúntele a quien le invitó cuáles son sus limitaciones y sus libertades. Esto no deshonra a Dios, porque recuerda que Pablo dice: *"Y los espíritus de los profetas están sujetos a los profetas"* (1 Co. 14:32). Lo que este texto dice son dos cosas muy importantes. La primera es que el Espíritu Santo no obra más de lo que se lo permitimos, y la segunda, es que podemos controlar lo que hacemos mientras estamos bajo la unción de Espíritu Santo.

Si es un danzor, durante una ministración de adoración puede ser movido a hacer algo que no sea común, antes de hacerlo debe comunicárselo al líder de danza. Si es al líder de danza a quien le sucede esto debe consultar al director de alabanza o al pastor. Es

muy importante que los adoradores y los profetas estén sujetos a su autoridad. Dios honrará esto y los usará con más poder.

Ya hemos definido algunas cosas importantes para entender el rol de la danza en nuestro medio espiritual. Hemos dicho: 1) En todas las culturas el baile es una manera de comunicación. 2) La danza es una manera de adorar y comunicarnos con Dios. 3) La adoración es lo más cercano a lo que ocurre en el cielo, y es la llave para traer el cielo a la Tierra. 4) Si entiendo que la danza es una manera de adorar a Dios, como respuesta a mi adoración al danzar el Espíritu Santo se manifiesta en libertad, sanidad, milagros, restauración, salvación, y como Él desee.

En la segunda parte de este capítulo nos enfocaremos en profundizar temas espirituales, pero a la vez espinosos, relacionados específicamente con la danza.

LA DANZA PUEDE CONVERTIRSE EN SU IDENTIDAD

Cuando hablo de identidad me refiero a ese sentido de valor como persona. Las personas no tienen valor por lo que hacen ni por lo que tienen, sino por quienes son. He visto cómo muchas personas solo viven para danzar, es como si fuera un vicio. La danza, al igual que la alabanza, la oración, y otras maneras de adorar a Dios son vehículos para llevarnos hacia un lugar, y este lugar es la presencia de Dios. Es muy fácil aferrarse tanto a la danza que crea que "sin la danza no puedo vivir o sobrevivir" o que "sin la danza no sabría qué hacer" o "sin la danza siento que no estoy adorando a Dios". ¿Puede identificarse con algunos de estos comentarios? Claro que sí. Eso es porque no ha entendido que la danza no es su identidad. Su identidad consiste en ser hijo de Dios.

LA DANZA NO ES UN LLAMADO

Este título ha causado a los danzores una fuerte impresión, pero después de algunas conversaciones con expertos, investigaciones y análisis he llegado a esta conclusión. La primera vez que escuché esta declaración fue en los labios de mi apóstol. Muchos años atrás, en un campamento, en una conversación casual hablamos del tema de la danza, estoy segura de que él no recuerda la conversación, pero yo no puedo olvidarla. En esa discusión hablé apasionadamente sobre la danza, como siempre lo hago, y él me dijo: "La danza no es un llamado". Para mí fue como quitarme un pedazo del alma. Yo solo pensaba, respiraba, vivía y hablaba sobre la danza, todo lo demás había pasado a un segundo plano.

Tiene que tener cuidado de que la danza no se convierta en su identidad ni en su dios. Me he dado cuenta de que muchos solo estarían sirviendo a Jesús si pueden hacerlo a través de la danza. Para estas personas danzar es lo único que pueden hacer para el Reino.

LA DANZA ES UNA HERRAMIENTA

Sé que muchas veces usamos la palabra "llamado" como una manera de expresarnos, pero hay otras personas que usan la palabra "llamado" literalmente, y creen que solo fueron creados para danzar o hay músicos que creen que solo fueron creados para adorar o para tocar un instrumento, pero no es así.

Esto sería igual que decir que un carpintero es un martillo, cuando esta es solo una de las muchas herramientas que usa el carpintero para hacer su labor. Sucede lo mismo con la danza. La danza no es mi llamado, es solo uno de las cientos de herramientas que puedo usar para hacer mi labor como consierva de Cristo. Cuando veo la danza como "mi llamado" me estoy limitando a

hacer todo lo que Dios me envía a hacer. Dios no solo me llamó a danzar, sino a llevar la realidad del cielo a través de la danza, Él requiere mucho más que tan solo me limite a danzar.

Es posible que su llamado sea el evangelismo, ser maestro, profeta o cualquiera de los cinco ministerios, sin embargo, esta puede ser la manera en que Dios lo capacitará para ejecutar cualquiera de ellos. Usted puede ser llamado o no a servir en uno de los cinco ministerios, pero todos estamos llamados a adorar.

En Isaías 61:1-4, 6 se expresa: *"El Espíritu del Señor Jehová es sobre **mí**, porque **me ungió Jehová**; me ha enviado a **predicar** buenas nuevas a los abatidos, **a vendar a** los quebrantados de corazón, a **publicar libertad** a los cautivos, y a los presos abertura de la cárcel; **A promulgar** año de la **buena** voluntad de Jehová, y día de venganza del Dios nuestro; a **consolar a** todos los enlutados; A ordenar a Sion a los enlutados, para darles gloria en lugar de ceniza, óleo de gozo en lugar del luto, manto de alegría en lugar del espíritu angustiado; y serán llamados árboles de justicia, plantío de Jehová, para gloria suya. **Y edificarán** los desiertos antiguos, y levantarán los asolamientos primeros, y **restaurarán las ciudades asoladas, los asolamientos de muchas generaciones.** Y vosotros seréis llamados **sacerdotes de Jehová, ministros del Dios** nuestro seréis dichos: **comeréis las riquezas de las gentes, y con su gloria seréis sublimes"**.*

La Escritura aquí no dice que el Espíritu está sobre mí "y me ungió para danzar", sino que me ungió para "predicar, vendar, publicar libertad, proclamar, consolar, ordenar, edificar, levantar y restaurar". Cuando leí este texto el Espíritu Santo me habló y me dijo que cuando yo tomara mi lugar con el entendimiento de una hija, entonces sería llamada "ungida" y "ministra de Jehová".

Un ejemplo más práctico de lo que quiero enseñarle es que yo no puedo decir que trabajo en Macy's sin haber sido contratada y efectivamente estar trabajando ya en ese lugar. Es necesario aceptar

el llamado de Dios no a la danza, porque si eres un danzor apasionado la danza será el canal para llegar a cumplir dicho propósito. Dios no lo llamó solo a danzar, le dio esta herramienta para que le sirva. Detrás de ser un danzor apasionado hay un gran ministerio que servirá para difundir el evangelio y proclamar el Reino.

Recuerde que usted no es un martillo, sino un carpintero, uno al cual se le dio una herramienta para construir el propósito de Dios para su vida. Yo no puedo decirle cuál es el propósito de cada danzor, para algunos consistirá en desarrollar el ministerio de enseñanza sobre la danza; para otros evangelizar en la calle, en la cárcel, en estadios, activar a otros en el ministerio etc. Pero si usted es fiel en lo poco y abre su corazón, eventualmente, el Espíritu Santo le mostrará su llamado y dará frutos en abundancia por amor de su nombre. Lo que sí le aseguro es que cuando descubra su llamado lo disfrutará y lo hará con gozo y paz, sin importar los obstáculos que tenga que enfrentar.

Mi llamado es más que danzar. Soy una adoradora que danzo y a medida que le adoro a Él mis dones se activan. El conocimiento de la Palabra se enriquece y mi estilo de vida como adoradora va en aumento, por lo tanto, el ADN de Dios comienza a transformarme para transformar a otros.

Creo firmemente que la herramienta de la danza es una plataforma para formarnos y encaminarnos hacia nuestro destino profético. Uno de mis lemas favoritos que practico a través de mi ministerio es: "Ser fiel en lo poco lo llevará a lo mucho". Puede ser que en un tiempo la pasión por danzar sea cambiada por otras asignaciones que Dios ponga en su corazón. Cuando llegue ese tiempo es muy importante que obedezca, porque los tiempos de Dios son perfectos.

ARREBATANDO LAS ARTES

Satanás se ha encargado de distorsionar toda la adoración, inclusive a las artes, así que nuestro compromiso como hijos consiste en arrebatarla y restaurarla para traer sanidad, liberación y restauración al pueblo de Dios.

Las "artes", esta palabra originalmente se aplicaba a toda producción realizada por el hombre y a las disciplinas del saber hacer. Así, un artista era tanto el cocinero, el jardinero o el constructor, como el pintor o el poeta. Con el tiempo la derivación latina (ars -> arte) se utilizó para designar a las disciplinas relacionadas con las artes de lo estético y lo "emotivo". Cuando hablamos de arte cristiano nos referimos a toda creación inspirada por Dios para expresar un conocimiento o palabra que Dios quiere traer a sus hijos. Muchos consideran las prácticas de las artes como algo mundano y que nada tienen que ver con la inspiración o la revelación divina, pero mi experiencia es que las artes son herramientas que Dios usa para revelarse a su pueblo.

La Iglesia le ha permitido durante demasiado tiempo al diablo usar las artes para su ventaja, dejando que nuestros jóvenes, adultos y niños sean bombardeados constantemente por ellas y atraídos a las drogas, a la prostitución, al alcoholismo, al adulterio y a un sinnúmero de pecados.

En el Antiguo Testamento, Dios, a través de Moisés, especificó la importancia de levantar a los artistas entre los demás mensajeros de su pueblo. La Biblia dice que Dios bendijo al pueblo en la construcción del santuario, al resaltar una unción artística en Bezaleel: *"Y dijo Moisés a los hijos de Israel: Mirad, Jehová ha nombrado a Bezaleel hijo de Uri, hijo de Hur, de la tribu de Judá; y lo ha llenado del Espíritu de Dios, en sabiduría, en inteligencia, en ciencia y en todo arte, para proyectar diseños, para trabajar en oro, en plata y en bronce, y en la talla de piedras de engaste, y en obra de madera, para trabajar en toda labor ingeniosa. Y ha puesto en su corazón el que pueda enseñar, así él como Aholiab hijo de Ahisamac, de la tribu de Dan; y los ha llenado de sabiduría de corazón, para que hagan toda obra de arte y de invención, y de bordado en azul, en púrpura,*

en carmesí, en lino fino y en telar, para que hagan toda labor, e inventen todo diseño" (Ex. 35:30-35).

Exodo 36:1 especifica: *"Así, pues, Bezalel y Aholiab llevarán a cabo los trabajos para el servicio del santuario, tal como el Señor lo ha ordenado, junto con todos los que tengan ese mismo espíritu artístico, y a quienes el Señor haya dado pericia y habilidad para realizar toda la obra del servicio en el santuario".*

TODO FUE CREADO POR ÉL Y PARA ÉL.

Ya se acabó el tiempo de que el diablo le haga creer a la Iglesia de Cristo que las artes le pertenecen. Se ha levantado una generación dispuesta a arrebatarle al enemigo lo que le pertenece a Dios. La Palabra es clara cuando dice que todo fue creado por Él y para Él. Glorificar a Dios por medio de las artes es lo que esta generación ya estamos haciendo.

Hay un sinnúmero de instrumentos que nos han sido entregados para adorar a Dios, y por estos han surgido muchos conflictos y preguntas entre los danzores en estos últimos años.

Los instrumentos más conocidos son: el pandero, la bandera, *streamers*, el abanico, las alas, el palo, la sombrilla, la espada, entre otros; todos están descriptos en los manuales de la escuela. Sin embargo, en este capítulo el enfoque no está en el significado de cada uno de ellos, como vemos tradicionalmente en otros libros, sino a la posición que los adoradores debemos tomar.

INSTRUMENTOS NO SANTIFICADOS

El diablo ha esparcido la creencia de que muchos instrumentos fueron creados por él. Esto hace que muchos cristianos crean que hay instrumentos que no deben ser usados en lo sagrado, pero tengamos presente que el enemigo es un mentiroso y quiere

distorsionar nuestra adoración. El apóstol Pablo expresa: *"Porque en él [Jesús] fueron creadas todas las cosas, las que hay en los cielos y las que hay en la tierra, visibles e invisibles; sean tronos sean dominios, sean principados, sean potestades; todo fue creado por medio de él y para él"* (Col. 1:16).

Si usted está viviendo bajo el nuevo pacto, no importa el instrumento que use, sino el estado de su corazón. Cuando usa un instrumento y lo consagra para Dios, inmediatamente se santifica para Jesús porque Él es santo.

Restaurar las artes no es copiar lo que el mundo está haciendo. Restauración es volver algo a su estado original y usarlo para lo que fue creado: *"Toda buena dádiva y todo don perfecto desciende de lo alto, del Padre..."* (Stgo. 1:17). Todos los dones y talentos son dados por Dios.

El hombre ha tomado un sinnúmero de instrumentos para adorarse a sí mismo y para adorar a Satanás. Nuestra función como adoradores es restaurar esos instrumentos para glorificar al único Dios: ¡Jehová de los ejércitos!

Por ejemplo, si yo compro un local que antes era una discoteca e instalo allí una iglesia, le pregunto: ¿Es esa iglesia de Dios o ese local continúa siendo propiedad del diablo? La respuesta es que una vez que un hijo de Dios toma algo en sus manos para que Él lo santifique, santo es. Otra vez le pregunto: ¿Quién es más poderoso Dios o Satanás? ¿Quién transforma a quién?

Todo lo que está en la Tierra es de nuestro Padre celestial, y mientras viva tomaré todo lo encuentre en mi camino y alabaré a Jehová. Ya no vivimos por ley, sino por gracia, y Su gracia nos da libertad. Jesús dijo: *"Todas las cosas me fueron entregadas por mi Padre"* (Mt. 11:27), y si le fueron entregadas a Él, también a mí.

Le mostraré algunos ejemplos de cómo Satanás usa las artes para su propósito: El pandero, como instrumento de percusión es el preferido por las bandas de *hard* (música pesada), quienes influencian a millones para adorar al hombre e, inclusive, algunas también al diablo.

También las alas, el manto, la espada, el pandero y los abanicos. Estos, usualmente son usados como instrumentos del baile del vientre (Belly dancing). Los *Praise hoops*, banderas y *streamers*, mayormente son usados por las porristas (*cheerleaders*) para celebrar al hombre en la gimnasia artística. Los abanicos y *throw streamers* los usan los asiáticos para adorar al dios del sol y al dios dragón.

Estos son ejemplos de instrumentos usados por personas que no son hijos de Dios, aquellos que no conocen el corazón del Padre ni saben para qué fueron creados; es por eso que usan los instrumentos para adorar al dios que ellos sí conocen.

Dios, como Creador, es el que da las ideas para crear, tanto a los impíos como a sus hijos. El hombre recibe estas revelaciones como "ideas"; crea instrumentos que vienen de la mente creadora del que los hizo. Para el hombre no creyente su uso es secular, pero para el que reconoce la grandeza de Dios todo lo creado es para adorarle a Él (Sal. 148). Aquellos que aún no conocen a Dios como Padre usan estos instrumentos para adorar a otros dioses porque en ellos hay un deseo natural de adorar. Entiendo que todos estos instrumentos fueron creados para adorar a Dios, pero como quien los hizo no conoce el propósito real de su creación es nuestro deber como hijos restaurar estas artes que han sido distorsionadas y volverlas a su estado original.

Los que no han sido creyentes desde niños, tal vez en algún momento adoraron consciente o inconscientemente al diablo con su cuerpo o con sus acciones; otros hicieron pactos diabólicos y

permitieron a espíritus malos dirigir sus vidas. Cuando recibimos a Jesús como nuestro Señor y Salvador inmediatamente Él nos REDIME y empezamos un proceso de RESTAURACIÓN; cuando esto ocurre Dios nos da un propósito y nos usa en diferentes áreas del ministerio. Si Dios puede hacer esto con un hombre, ¿cómo no podrá hacerlo con un pedazo de tela o una vara?

No limite su adoración. Ore al Espíritu Santo y deje que Él sea quien le guíe. La Biblia dice que los que se dejan guiar por el Espíritu lo examinan todo y retienen lo bueno (1 Ts. 5:21). No se deje llevar por mi opinión ni la de otros; no quiero decir con esto que sea un rebelde sin causa, porque yo creo en la sujeción y es algo que practico en el lugar donde esté. Sin embargo, su principal guía debe ser Dios y debe buscar sus enseñanzas.

Le doy gracias a Dios por mis pastores porque me dan la libertad de escoger; pero si ellos me pidieran que dejara de usar algunos de los instrumentos que usamos para el ministerio, dejaría de usarlos porque sobre todo soy una mujer sujeta. Para Dios es más importante la sujeción que el uso de algunos de estos instrumentos.

> "RECONOZCO QUE NUESTRO MAYOR INSTRUMENTO ES NUESTRO CUERPO Y QUE DENTRO DE ÉL MORA EL ESPÍRITU SANTO, ALGO QUE TODO ADORADOR DEBE CUIDAR."

Reconozco que nuestro mayor instrumento es nuestro cuerpo y que dentro de él mora el Espíritu Santo, algo que todo adorador e hijo de Dios debe cuidar. La restauración de todas las cosas no

debe ser algo forzado, es algo que se dará a su tiempo de acuerdo al estado espiritual de su comunidad cristiana.

Si sus pastores y el Espíritu Santo le dieron luz verde... ¡Adórele hasta con el palo de la escoba que encuentre! "¡Oh, no, porque los palos de escobas fueron creados para las brujas!" Jajaja... Simplemente estoy bromeando, pero Dios conoce la frustración que siento al ver a los hijos de Dios ofreciéndole una adoración limitada y preocupándose por saber de dónde viene determinado instrumento. La Palabra de Dios expresa: *"Y la tierra estaba desordenada y vacía, y las tinieblas estaban sobre la faz del abismo, y el Espíritu de Dios se movía sobre la faz de las aguas"* (Gn. 1:2). Eso me enseña que TODO lo que hay en ella fue entregado por Dios a los hombres.

No me preocupa de dónde Dios me sacó, sino hacia dónde voy. Me ocupo de guardarme y santificarme para cumplir sus propósitos. Lo importante no es de dónde vienen los instrumentos, sino si los estamos santificando para cortarle la cabeza al diablo, así como David le cortó la cabeza a Goliat con su propia espada. La Biblia lo narra así: *"Entonces corrió David y se puso sobre el filisteo; y tomando la espada de él y sacándola de su vaina, lo acabó de matar, y le cortó con ella la cabeza..."* (1 S. 17:51). El triunfo de David no estuvo en su herramienta o instrumento, sino en que luchó en el nombre de Jehová de los ejércitos. David no se detuvo a pensar si estaba santificada o no, él solo cumplió con el propósito de Dios.

La manera "razonable" en cómo hemos manejado lo de Dios lo ha limitado por muchos años. Es tiempo de dejar que Dios se mueva como Él quiera y donde Él quiera.

Las artes creativas son una herramienta poderosa para traer mensajes del cielo y hacer actos proféticos como los que describiré en el próximo capítulo.

Quiero concluir mencionando que la restauración de las artes es un trabajo de los hijos de Dios; y Él no solo quiere que restauremos los instrumentos, sino también nuestras intenciones al usarlos. Las artes no se limitan al uso de un instrumento, de la danza, el teatro, la pintura, la escritura, la fotografía o la vestimenta, sino que estas son maneras en que Dios se mueve en medio de su pueblo. Me he enfocado más en los instrumentos porque son los que causan más controversias y preguntas, y también por las limitaciones en su uso que le dan en las iglesias. Es mi intención que oremos y dejemos que Dios fluya en medio de su pueblo y que no llamemos "santo" o "profano" a algunas cosas solo porque no nos gustan o no las conocemos.

Como cristianos estamos acostumbrados a que cuando vemos algo diferente a nuestra cultura y estilo, esto despierta recelos y opiniones porque queremos defender nuestros puntos de vista. Pero aunque todos tenemos la libertad de expresarnos debemos ser sabios y dejar que Él sea quien juzgue; porque a la larga serán los frutos los que testifiquen.

El consejo de Gamaliel es sabio en todo lo que no concebimos como de Dios. Le dejo este consejo: *"Y ahora os digo: Apartaos de estos hombres, y dejadlos; porque si este consejo o esta obra es de los hombres, se desvanecerá; mas si es de Dios, no la podréis destruir; no seáis tal vez hallados luchando contra Dios"* (Hch. 5:38-39).

TRAYENDO EL CIELO A LA TIERRA

A ntes de avanzar en este capítulo quiero hacer una pequeña descripción sobre el ministerio profético. Hay un sinnúmero de opiniones sobre el mismo, lo que ha hecho que una gran cantidad de iglesias cuando escuchan hablar de profetas, actos proféticos y todo lo relacionado con este ministerio, fácilmente lo rechazan. Esto ocurre por el abuso que ha tenido este ministerio y por el entendimiento limitado sobre el mismo, cuando en realidad el verdadero contexto de lo profético es Dios hablando a su pueblo.

EL MOVER PROFÉTICO

El profeta es el que trae un mensaje de Dios en toda ocasión. Es la persona que tiene el ministerio profético a tiempo completo. Él no tiene un don, él es el don. Las personas confunden al que tiene el ministerio profético con el que tiene el don profético. Cuando se le llama "profeta" a una persona nos referimos a alguien que todo lo que hace gira en torno a lo mismo. Pero el don profético es un regalo del Espíritu, según las declaraciones del apóstol Pablo en 1 Corintios 12:7: *"Pero a cada uno le es dada la manifestación del Espíritu para provecho"*. El que tiene los dones del Espíritu puede profetizar en ocasiones específicas cuando Dios quiere hablarle a alguien. Por otro lado está lo que llamamos la "unción profética" o "mover profético", bajo la cual cualquiera puede profetizar.

En mi experiencia es más fácil crear la atmósfera profética durante la adoración cuando hay profetas en la casa. Los profetas desatan esa unción donde llegan, y como nosotros somos del linaje de Abraham a través del sacrificio de Cristo, entonces también tenemos la habilidad de ser proféticos, o sea, de escuchar la voz de Dios en cualquier momento.

En el Antiguo Testamento su pueblo no podía escuchar la voz de Dios, siempre debía ser a través de un profeta, pero ahora tenemos acceso directo a su trono y eso nos da un linaje profético. *"Vosotros sois los hijos de los profetas, y del pacto que Dios hizo con nuestros padres, diciendo a Abraham: En tu simiente serán benditas todas las familias de la tierra"* (Hch. 3:25).

El don profético nos ha sido dado solo por el Espíritu Santo para dar "testimonio de Cristo" (Ap. 19:10) y para volver *"... el corazón de los padres hacia los hijos, y el corazón de los hijos hacia los padres..."* (Mal. 4:6 y 2 Co. 5:18). La Biblia también nos dice en 1 Corintios 14:1: *"... procurad los dones espirituales, pero sobre todo que profeticéis".*

Los dones nos han sido dados para que actuemos, pensemos, y hablemos a través del Espíritu Santo. No somos dioses pequeños. Recibimos poder por el Espíritu Santo y dejamos que Él encuentre un cuerpo para manifestarse. Mientras más lo alimentamos, más fuerza toma lo sobrenatural.

Y por último, quiero mostrar cómo los movimientos y actos proféticos afectaron el mundo espiritual en el Antiguo Testamento; eso quiere decir que en la danza, mis movimientos dirigidos por el Espíritu Santo también afectan el mundo espiritual. Dios no solo hablaba o les daba a sus siervos instrucciones para que ejecutaran con su voz, sino que también les daba instrucciones para hacer actos proféticos o movimientos proféticos que cambiaran toda una historia.

MOVIMIENTOS Y ACTOS PROFÉTICOS

Una de las maneras de hacer que el cielo venga a la Tierra es por medio de los movimientos proféticos. Entendemos que nuestros movimientos son capaces de afectar el mundo espiritual; esto podemos verlo en la Biblia en varias ocasiones. Una de la que más me gusta mencionar es cuando Moisés usó su vara para abrir el Mar Rojo. La Biblia lo narra así: *"Y extendió Moisés su mano sobre el mar, e hizo Jehová que el mar se retirase por recio viento oriental toda aquella noche; y volvió el mar en seco, y las aguas quedaron divididas"* (Ex. 14:21). Aquí vemos que un movimiento de la mano de Moisés provocó la manifestación del Reino de Dios.

En otra ocasión, el pueblo de Israel estaba guerreando en contra de los amalecitas, el relato dice que mientras Moisés mantenía los brazos en alto, la batalla se inclinaba en favor de los israelitas; pero cuando los bajaba, se inclinaba en favor de los amalecitas. Y viendo Aarón y Hur lo importante que era este acto profético sostuvieron sus brazos, acto que hizo que ganaran la batalla (Ex. 17:8-16).

El profeta Elías resucitó al hijo de la viuda y utilizó movimientos corporales proféticos. La Biblia dice: *"Y se tendió sobre el niño tres veces, y clamó a Jehová y dijo Jehová Dios mío, te ruego que hagas volver el alma de este niño a él. Y Jehová oyó la voz de Elías, y el alma del niño volvió a él, y revivió"* (1 R. 17:21-22).

El otro ejemplo es Eliseo: *"Después subió y se tendió sobre el niño, poniendo su boca sobre la boca de él, y sus ojos sobre sus ojos, y sus manos sobre las manos suyas; así se tendió sobre él, y el cuerpo del niño entró en calor. Volviéndose luego, se paseó por la casa a una y otra parte, y después subió, y se tendió sobre él nuevamente, y el niño estornudó siete veces, y abrió sus ojos"* (2 R. 4:32-35).

Son tantos los ejemplos de movimientos proféticos, que este libro no bastaría para mencionarlos; usted mismo puede seguir investigando sobre esto porque la Biblia está llena de ellos. Así qué, un movimiento profético es el que produce poder que lleva a realizar un acto sobrenatural en la Tierra.

DANZA DE LIBERACIÓN

La danza de liberación es otra manera en que podemos traer el cielo a la Tierra, pues por medio de esta Dios puede hacer que una persona con ataduras pueda ser liberada, pues sabemos que un hijo que vive atado por el pecado o por el pasado no está viviendo en la atmósfera del cielo, porque allí sí hay libertad.

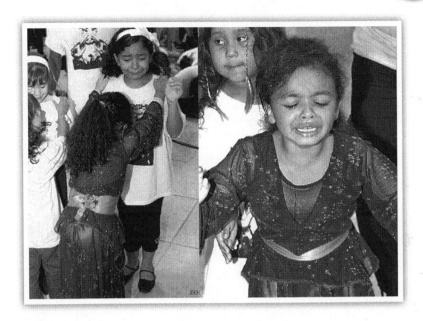

En el primer capítulo mencioné el estado espiritual en el que llegué a la congregación a la cual pertenezco. Estos eran algunos de mis pecados: lujuria, ira, desobediencia, fornicación, mentira, robo, en fin, tenía más de veinte espíritus que luego pude identificar. En los primeros años de ministerio, aunque no tenía mucho conocimiento de todo lo que significaba la danza, sí sabía que en ella había poder para libertar porque ya lo había experimentado en mi propia vida. Sin embargo, no había sido liberada totalmente, pues había espíritus que todavía me molestaban y hablaban a mi mente cosas tales como "no perteneces aquí" o "estás haciendo el ridículo". En una ocasión, estando en la casa de mi hermana por unos meses, dormía en su sala cuando desperté y vi con mis propios ojos sombras negras rodeándome por encima. Luego pude identificarlos como demonios enviados por Satanás con la orden de asustarme para que volviera al lodo del cual Dios me había sacado. Me asusté tanto que me escondí debajo de la sábana, cerré los ojos y con los dientes tiritando y el corazón a la velocidad de un cohete le rogué a Dios que echara fuera esos demonios de mi entorno. Aunque esta experiencia casi me mata del corazón, me ayudó a despertar y entender que el mundo espiritual no es un juego, y que había una batalla espiritual por mi alma. Fue entonces que empecé a practicar la danza de liberación, aunque en ese momento no sabía que para este acto había un nombre, lo hice bajo una revelación de Dios. Luego, leyendo la Biblia, encontré que Dios me daba autoridad sobre los espíritus malos y que con mis pies podía vencerlos: *"He aquí os doy potestad de hollar serpientes y escorpiones, y sobre toda fuerza del enemigo, y nada os dañará"* (Lc. 20:19).

Esto fue lo que el Espíritu Santo me dijo que hiciera; me indicó que cada vez que danzara trajera a mi memoria algunos de los espíritus y pensamientos que me atormentaban y los imaginara debajo de mis pies. Mientras danzaba incansablemente sobre ellos sentía un alivio tal en mi espíritu que me hacía llorar. Fue a través de la danza que Dios me liberó.

Es muy importante que cada hijo de Dios encuentre una herramienta que lo acerque más al Padre y traiga liberación a su vida, para mí fue la adoración a través de la danza. *"Porque no tenemos lucha contra sangre y carne, sino contra principados, contra potestades, contra los gobernadores de las tinieblas de este siglo, contra huestes espirituales de maldad en las regiones celestes"* (Ef. 6:12).

En ese entonces no recuerdo haberle comunicado a alguien lo que hacía ni por qué lo hacía; solamente fui obediente y aunque sé que parecía loca, fue lo que Dios utilizó para hacerme sentir en paz. Era, literalmente, como si Dios en el tiempo de la alabanza me diera una llave para cerrar toda puerta del enemigo en mi vida, pero también para abrir todas las puertas del cielo a mi favor.

En ese tiempo tenía muchos problemas económicos, necesitaba trabajo, tenía que mudarme y debía pagar más de $16,000

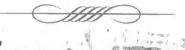

dólares de deudas. Sin embargo, cuando oraba nunca le pedía a Dios nada para mí; lo único que me venía a la mente era el texto de Mateo 6:33: *"Mas buscad primeramente el reino de Dios y su justicia, y todas estas cosas os serán añadidas"*. No tenía nada que perder, pues había llegado sin nada a la iglesia; pero me di cuenta de que en el Reino había mucho por aprender y mientras más me sumergía en su Palabra, más aprendía y quitaba todo mi dolor y fracasos, esto me movía a no desear nada del mundo.

Mientras escribía este libro, Dios me trajo estos momentos a la memoria, tiempos que puedo identificar como una guerra de liberación. Para hacer una guerra espiritual no necesitamos estar reprendiendo o pensando en el diablo; toda guerra espiritual inicia cuando comienzas a adorar a Dios. También en el Salmo 149 hay una declaración sobre este tema: *"Cantad a Jehová cántico nuevo; Su alabanza sea en la congregación de los santos. Alégrese Israel en su Hacedor; Los hijos de Sion se gocen en su Rey. Alaben su nombre con danza; Con pandero y arpa a él canten. Porque Jehová tiene contentamiento en su pueblo; hermoseará a los humildes con la salvación. Regocíjense los santos por su gloria, Y canten aun sobre sus camas. Exalten a Dios con sus gargantas, Y espadas de dos filos en sus manos, Para ejecutar venganza entre las naciones, Y castigo entre los pueblos; Para aprisionar a sus reyes con grillos, Y a sus nobles con cadenas de hierro; Para ejecutar en ellos el juicio decretado; Gloria será esto para todos sus santos. Aleluya"*.

EXPERIENCIA DURANTE "ARREBATANDO LAS ARTES"

Durante el primer año de la escuela HOTAI, entre los estudiantes del semestre y las maestras hicimos una obra que se llamó "Arrebatando las artes" (disponible al público en videos. No quiero dejar de resaltar que las personas que lo han adquirido han sido

muy edificadas, pues en este video se relata la historia de Lucifer y la restauración de las artes).

Mientras hacía la presentación tuvimos una experiencia muy extraña, que me volvió a confirmar que todo lo que estamos haciendo en la escuela y en el ministerio está realmente afectando el mundo espiritual.

En una escena donde yo representada la restauradora de las artes, me enfrenté a Satanás, y mientras me movía en danza de liberación peleaba con el enemigo por las artes. Al final de la obra le hablé al personaje que había hecho el papel de Satanás y le expresé cómo yo me sentí mientras le decía al enemigo que soltara las artes. Sinceramente, sentía que estaba luchando con el demonio cara a cara, inmediatamente esta persona me confesó que mientras yo le decía que soltara las artes, ella movía la cabeza en señal de negación, pero que su cabeza se movía sola y ella no podía controlarla.

En ese momento me estremecí en mi espíritu y oramos por ella, declaramos la sangre de Cristo sobre su vida y cerramos puertas. Nunca supimos qué le había causado esto, pudo haber sido hasta una puerta de temor. Le cuento la historia para que entienda la seriedad del mundo espiritual y cómo afectamos todo lo que hacemos cuando adoramos. Es vital que tenga la puerta cerrada de su vida; y si está en pecado no ministre al pueblo hasta que ya esté totalmente restaurado.

DANZA DE INTERCESIÓN

En Puerto Rico, en un congreso al que fui invitada como ministro de danza después de una tremenda enseñanza de otro ministro se nos indicó que empezáramos a provocar la presencia de Dios y una vez que supiéramos que Él se estaba manifestando entonces presentáramos a Dios algunas de nuestras necesidades.

Inició la música, comenzamos a danzar y me olvidé de todos los que estaban alrededor de mí. Mientras más me sumergía en Su presencia usando mis pies, mis manos y todo mi cuerpo, sentía que alguien me entregaba una espada en la mano. Con mis ojos y mis puños cerrados, tomé esa espada y comencé a limpiar mi camino, la movía de un lugar al otro, la forma de ilustrarlo era como una persona que va por una selva limpiando toda la maleza, abriendo camino para poder llegar al lugar esperado. La danza y la espada eran los vehículos que usé. También recordaba el Salmo 18:34: *"Quien adiestra mis manos para la batalla, para entesar con mis brazos el arco de bronce".* Llegó el momento en que sentí que ya no necesitaba la espada y la solté, y aunque durante la adoración nunca acostumbro a pedir por cosas personales, esta vez pedí por tres necesidades que eran vitales para mí. La primera fue que mi esposo se activara en mi ministerio, ya que no se decidía, y, eventualmente, esto afectaría nuestra relación matrimonial. La segunda fue que mi hija Dejoy, que en ese entonces tenía cinco años y estaba en la conferencia, fuera bautizada en el Espíritu Santo; y la tercera cosa que pedí fue que Dios nos ayudara a resolver un problema de documentación con dos casas que teníamos.

Cuando terminé de danzar le conté a Gina, una de mis maestras y amiga, sobre la experiencia. Continuó la conferencia y dos días después, mientras yo oraba y activaba los dones en otros, me vinieron a buscar porque algo le pasaba a Dejoy. ¡Era increíble!, mi hija estaba llena de la unción del Espíritu Santo. Fue una experiencia que duró más de una hora y que hizo que todo el que estaba en el campamento se asombrara de ver una manifestación tan fuerte del Espíritu Santo en una niña de solo cinco años.

Pocos meses después, durante uno de nuestros viajes ministeriales a la Republica Dominicana, mi esposo me dijo "Mi amor, he decidido que le dedicaré más tiempo al ministerio". Desde ese

entonces ha tomado toda la responsabilidad administrativa, la cual es parte de las funciones que nos complementan como pareja. Todo el que nos conoce de manera íntima, sabe que esto era algo que deseaba, pero que veía muy lejos, ya que Edward no mostraba ningún tipo de interés en el ministerio. Más tarde se resolvió el problema de las casas de una forma favorable para nosotros.

Cuento esta experiencia porque sé que es de mucha bendición para otros por la forma en que Dios obró a mi favor de una manera sorprendente. Así es como mejor puedo describir el poder de la danza intercesora en el espíritu. En este relato estoy tratando de describir lo que pasó, aunque fue mayor vivir la experiencia, pero también a través de ella pude tener una mayor revelación sobre la ministración en la danza.

ACTIVADOS PARA TRANSFORMAR

"No quiero, hermanos, que ignoréis acerca de los dones espirituales. Sabéis que cuando erais gentiles, se os extraviaba llevándoos,
como se os llevaba, a los ídolos mudos. Por tanto, os hago saber que
nadie que hable por el Espíritu de Dios llama anatema a Jesús; y

nadie puede llamar a Jesús Señor, sino por el Espíritu Santo. Ahora bien, hay diversidad de dones, pero el Espíritu es el mismo. Y hay diversidad de ministerios, pero el Señor es el mismo. Y hay diversidad de operaciones, pero Dios, que hace todas las cosas en todos, es el mismo. Pero a cada uno le es dada la manifestación del Espíritu para provecho. Porque a éste es dada por el Espíritu palabra de sabiduría; a otro, palabra de ciencia según el mismo Espíritu; a otro, fe por el mismo Espíritu; y a otro, dones de sanidades por el mismo Espíritu. A otro, el hacer milagros; a otro, profecía; a otro, discernimiento de espíritus; a otro, diversos géneros de lenguas; y a otro, interpretación de lenguas. Pero todas estas cosas las hace uno y el mismo Espíritu, repartiendo a cada uno en particular como él quiere"* (1 Co. 12:1-11).

En este capítulo, el apóstol Pablo habla de la diversidad de dones, y para que podamos entender más lo que él dice es necesario que profundicemos un poco sobre lo que quiere decir "activación y transformación", ya que aunque los dones nos son dados por el Espíritu Santo necesitan ser activados para que funcionen.

-Activación. Según *www.es.thefreedictionary.com*, es el "comienzo del funcionamiento de una cosa. El aumento o la aceleración del movimiento o del funcionamiento de una cosa".

Recuerde que estar lleno de la gloria de Dios sin activarla es semejante a un carro lleno de gasolina guardado en tu garaje.

La gloria de Dios está dentro suyo, y por fe la pondrá en acción. La Biblia dice que *"... la fe, si no tiene obras, es muerta en sí misma"* (Stg. 2:17). La fe en acción lo convertirá en un mensajero activado que sabe manifestar el poder de Dios en la Tierra. Toda la Tierra está en constante movimiento y todo lo que existe depende de esta ley. De la misma manera, Dios requiere de un pueblo en movimiento para que el Reino se manifieste en sanidades, restauración, bendición, salvación y milagros.

-**Transformación**. Según *www.es.thefreedictionary.com*, es "Hacer que una cosa se convierta en otra distinta. Cambiar una persona de aspecto o de carácter".

En Romanos 12:2 el apóstol Pablo nos explica bien este principio cuando señala que la renovación está ligada a un entendimiento. *"No os conforméis a este siglo, sino transformaos por medio de la renovación de vuestro entendimiento, para que comprobéis cuál sea la buena voluntad de Dios, agradable y perfecta"*; también agrega que a través de la intimidad con el Espíritu Santo podemos reflejar su carácter. *"Por tanto, nosotros todos, mirando a cara descubierta como en un espejo la gloria del Señor, somos transformados de gloria en gloria en la misma imagen, como por el Espíritu del Señor"* (2 Co. 3:18).

LOS DONES DEL ESPÍRITU

La Biblia habla de los diversos dones, y aunque muchos cristianos tratan esto con ligereza, en mi opinión una iglesia que no reconozca la importancia de que sus miembros posean estos dones se desarrollará muerta, pues la manifestación del poder de Dios se produce cuando podemos ver su gloria sobre su pueblo. Algunos de los dones que encontramos en 1 Corintios 12 son: palabra de sabiduría, palabra de ciencia, discernimiento de espíritu, fe, milagros, sanidades, profecía, género de lengua e interpretación de lenguas.

Pablo mismo exhorta *"Seguid el amor; y procurad los dones espirituales..."* (1 Co. 14:1). Durante muchos años estuve en la danza y aunque en la teoría la líder repetía mucho el asunto de que Dios quería usarnos para sanar, restaurar y bendecir, lo que pudimos experimentar sobre esa verdad fueron pequeñas gotas. El hecho mismo de entender que Dios requería más de mí, me llevó a grandes frustraciones, pero que a la vez me hicieron entender esta verdad para aplicarla en mi ministerio.

Reconocer los dones y pedirle ayuda al Espíritu Santo para activarlos fue lo que me llevó a otro nivel en el mundo espiritual de este ministerio.

Como Ministerio de las Artes es esencial que durante los ensayos de preparación, aparte de las técnicas, los estudios bíblicos y los diferentes tipos de danzas se le dé prioridad a desarrollar y activar los dones del Espíritu. Una de las formas prácticas de hacerlo es desglosar cada uno de los dones y enfatizar en tres verdades importantes. La primera es que los alumnos reconozcan que son regalos del Espíritu Santo. La segunda, los dones deben ser pedidos para obtenerlos, cada alumno es el responsable de desearlos hasta obtenerlos. La tercera verdad consiste en activarlos, lo cual solo se logra a través de la práctica. Con sabiduría debe enfrentarse a algunos retos hasta poder identificar cuáles dones le fueron dados y cuáles están activados. La Biblia dice *"...por sus frutos lo conoceréis"* (Mt. 7:20). Ponga a su equipo a practicar sus dones orando unos por otros y rételos a hacer los mismo con la gente de su diario vivir, y hagan una costumbre el compartir los testimonios cuando vuelvan a reunirse. Todos se sorprenderán al ver los dones que ya tienen o los que el Espíritu Santo les comienza a entregar y cómo estos dones complementarán sus ministraciones en tiempos de adoración.

DESARROLLE EL DON PROFÉTICO

Entiendo que hay mucho material escrito acerca de cómo desarrollar lo profético en nosotros; sin embargo, le daré algunas ideas prácticas para aprender a desarrollarlo en usted. De todo esto, lo más importante que puedo recomendarle es que no importa que tan profético sea, lo que más importa es que tenga un corazón que palpite por las cosas de Dios.

Estos son algunos de los principios y conceptos que me han dado resultado para desarrollar lo profético:

- ✺ Ser un adorador conforme al corazón de Dios.

- ✺ Ser parte de la generación profética que con osadía obedece y sigue las instrucciones de lo que Dios quiere hacer en el momento.

- ✺ Amar a los demás como Él nos ama.

- ✺ Ser parte de un liderazgo que no enamora a la "novia de Cristo" (la Iglesia) para sí, sino que la guía a mantener sus ojos puestos en Jesús.

- ✺ Ser un hijo que entiende su función como embajador y mensajero.

- ✺ Caminar con autoridad e identidad en el Reino.

- ✺ Poner en práctica el carácter de Jesús.

- ✺ Morir a su "yo" y dejarse procesar.

- ✺ Practicar la obediencia real, la sujeción de corazón, la espera, la humildad y el quebrantamiento en silencio.

- ✺ Alabar a Dios en medio de las pruebas.

- ✺ Anhelar el don profético.

- ✺ Reconocer que el don profético es un regalo del Espíritu Santo.

- ✺ Vivir una vida de adoración.

- ✺ Determinar qué tipo de profeta eres.

- ✺ La música también puede ayudar a liberar los dones del Espíritu. *"Mas ahora traedme un tañedor. Y mientras el tañedor tocaba, la mano de Jehová vino sobre Eliseo"* (2 R. 3:15).

ACTIVE EL DON PROFÉTICO

La activación no le llegará a aquellos que están conformes y de espectadores. ¡Le llegará a los inconformes que saben que hay más y lo buscan! Declaro que la mentalidad de limitaciones y de creer que el Reino de Dios está dentro de cuatro paredes, cae en el nombre de Jesús. Es el Espíritu Santo el que reparte los dones, pero está en usted activarlos. La mesa ya está servida, ahora depende de usted servirse y comer.

Si sabemos cuál es nuestro lugar en el mundo espiritual sabemos que hay acceso. Hay diseños celestiales que están esperando que usted los baje; pero debe creer lo que dice la Palabra de Dios cuando explica: *"Y juntamente con él nos resucitó, y asimismo nos hizo sentar en los lugares celestiales con Cristo Jesús"* (Ef. 2:6). Y nuestra adoración ha sido dada desde el cielo a la Tierra.

Dondequiera que pise un hijo de Dios debe manifestarse el Reino, porque todos somos hijos y herederos del mismo Rey. Tiene acceso sin limitaciones a la casa de Su Padre, entre y traiga esos diseños, pues si estamos juntamente con Cristo en lugares celestiales nuestra adoración vendrá desde el cielo. El Señor Jesús dijo: *"Venga tu reino. Hágase tu voluntad, como en el cielo así también en la tierra"* (Mt. 6:10).

Entiendo que puede lograr la activación de los dones en cualquier momento de su relación con el Señor. En la mayoría de los casos, con esa activación vendrá el proceso de quebrantamiento. Ese proceso le ayudará a formar el carácter requerido para sostener la activación.

Muchos le piden a Dios ser usados, pero no están dispuestos a atravesar el quebrantamiento. Cuando alguien le dice al Señor que lo use, Él siempre se asegura de que esta persona tenga el corazón correcto y sea procesado. En esto es muy importante entender que

Dios no mira ni la edad, ni el color, ni la nacionalidad, ni el tiempo que tenga en el evangelio.

El fuego de Dios es el lugar donde será procesado, moldeado, consumido, y donde recibirá la resistencia para lo que viene. Es el fuego lo que el herrero usa para soldar metales fuertes que le permiten construir un edificio con fundamento sólido.

Aunque el proceso de activación puede sonar intimidante, es algo que todos debemos anhelar. La única manera de saber que los dones están disponibles es activándolos. Muchos cristianos saben que tienen dones, pero tienen temor de usarlos. Esto podría compararse a alguien que tiene el carro que le gusta estacionado frente a su casa, lo mira con deseo todos los días, tiene licencia, quiere manejarlo, siente celo y envidia hacia quienes tienen un carro como el suyo; pero él aún anda en bicicleta porque no ha activado su cómoda herramienta.

A esto me refiero cuando hablo de "activar los dones" que están en usted. Cuando es activado en lo sobrenatural, no tiene que hacer ningún esfuerzo humano para lograr la obra que Dios le ha encomendado. Tendrá que ser diligente, pero todo le saldrá fácilmente pues será guiado por el Espíritu Santo. Muchas veces le ofrecemos algo extraño al Señor cuando usamos la manipulación para que las cosas ocurran. El Señor desecha y abomina esa ofrenda.

La adoración que Él quiere activar en usted es la de alguien apasionado por ver el Reino manifestado en la Tierra. Cuando sea activado en su destino profético, aunque esté cansado no debe detenerse, así los cielos se abrirán y el favor y la gracia de Dios lo perseguirán dondequiera que vaya. Cuando sea realmente activado por el Espíritu Santo de Dios su enfoque cambiará por completo porque su interés no estará dirigido al gobierno terrenal, sino al gobierno celestial.

Hay tres maneras prácticas que le ayudarán a activar sus dones: 1) La alabanza y la adoración. 2) Decretar la Palabra de Dios. 3) La obediencia y la sujeción a Dios y a sus líderes.

LA LLAVE DE DAVID

En algunos lugares que he visitado, algunos ministros sienten de parte de Dios decirme que soy una puerta, y otros me dicen que tengo una llave. Debido a que a mí me gusta conectar ministerios y personas que tienen propósitos en común, acepté el nombre de "puerta" porque logísticamente es una realidad, y espitualmente hablando somos portales del cielo aquí en la Tierra.

Las llaves significan: acceso, poder, autoridad. Yo recibo esa palabra porque entiendo que van de la mano con el llamado al ministerio de restauración y liberación al cual Dios me ha llamado y estoy ejerciendo.

Mientras escribía este libro el Señor me movió a volver a estudiar la vida de David, y descubrí una revelación sobre la llave de David que quisiera compartir aquí. *"Y pondré la llave de la casa de David sobre su hombro; y abrirá, y nadie cerrará; cerrará, y nadie abrirá"*, y luego a la Iglesia de Filadelfia en Apocalípsis 3:7-8: *"Escribe al ángel de la iglesia en Filadelfia: Esto dice el Santo, el Verdadero, el que tiene **la llave de David**, el que abre y ninguno cierra, y cierra y ninguno abre: Yo conozco tus obras; he aquí, he puesto delante de ti una puerta abierta, la cual nadie puede cerrar; porque aunque tienes poca fuerza, has guardado mi palabra, y no has negado mi nombre"*.

Aunque a todos los adoradores les apasiona la historia del rey David, no me gustaría que al escribir sobre esto nos enfoquemos en ella como si fuera un cuento, sino que la relacionemos con lo que está ocurriendo con muchos cristianos hoy, y con lo que puede ocurrir también en su vida.

La Biblia relata en 1 Samuel 16, que el profeta fue enviado por Dios a visitar la casa del Isaí, el padre de David. La asignación de Dios al profeta era que entre todos los hijos de Isaí eligiera uno, el cual iba a ser el rey de Israel. Cuando el profeta llegó a la casa de Isaí comenzó su trabajo, pero ninguno calificaba porque no tenían las cualidades que Dios deseaba. El profeta Samuel le preguntó a Isaí si faltaba alguien y, por supuesto, faltaba David. Había sido ignorado y rechazado por su padre y sus hermanos en esta elección y quizás también en muchas otras ocasiones. Sin embargo, fue el escogido por Dios y el profeta ungido como el próximo rey.

Como puede ver, me gusta hablar de David porque a pesar de todas sus fortalezas y debilidades fue reconocido por Dios como un hombre conforme a su corazón, quien aun sabiendo que había sido nombrado como el próximo rey, se mantuvo humilde y se dejó procesar para desarrollar características que luego como rey le serían muy útiles.

Los oficios de David más destacados fueron: pastor, sacerdote, profeta, adorador, guerrero y rey, pero la mayor pasión de David fue la adoración; y por eso creó un lugar de adoración de veinticuatro horas continuas. Este fue uno de los pasos más osados que David dio durante su reinado, porque nunca antes había existido un lugar donde se pudiera adorar a Dios continuamente.

La historia de David se relató en los libros de Samuel y Crónicas, pero encuentro curioso que aun en Apocalipsis 3:7 se menciona nuevamente la llave de David, aunque en este caso quien tenía la llave era Jesucristo. Y si recuerda, el ciego Bartimeo llamó a Jesús: *"¡Jesús, Hijo de David, ten misericordia de mí!"*. Esto se repite en todo el Nuevo Testamento, pues podemos encontrar diecisiete versículos que describen a Jesús como el "Hijo de David".

Cristo (el Mesías) era el cumplimiento de la profecía de la simiente de David (2 S. 7:12-16). Jesús era el Mesías prometido y esto

lo hacía descendiente de David, pues la profecía señalaba que el Mesías vendría de ese linaje. La llave que les fue dada a Cristo y a David era una llave para abrir y cerrar puertas espirituales bajo la autoridad entregada como Rey, Sacerdote y Profeta.

Después de leer esto se estará preguntando: "Delki, y ¿cuál es la llave de David?". David tenía una llave que capturaba el corazón de Dios, y esta era su corazón de adorador. Él se dio cuenta de que si tenía la presencia de Dios, lo tenía todo. Adoraba a Dios en todo momento, en tiempos buenos y en tiempos malos, en espera, en victorias, en soledad, frente a decepciones, en felicidad, él escogió toda occasion para adorarle. Y eso le agradó mucho a Dios.

> **DAVID TENÍA UNA LLAVE QUE CAPTURABA EL CORAZÓN DE DIOS, Y ESTA ERA SU CORAZÓN DE ADORADOR.**

La Biblia emplea el término "llave" como símbolo de autoridad, gobernación o poder. Encontramos un ejemplo de esto en Mateo 16:19, donde leemos: *"Y a ti te daré las llaves del reino de los cielos; y todo lo que atares en la tierra será atado en los cielos; y todo lo que desatares en la tierra será desatado en los cielos"*.

La llave de David se basa en dos aspectos. En primer lugar, la adoración del hombre que mueve el corazón de Dios para abrirle puertas; y en segundo lugar, el favor, la gracia y la autoridad que Dios les da a sus hijos delante de los hombres, los cuales le dan la llave de David, el que abre y ninguno cierra, y cierra y ninguno abre.

Cuando la llave de David le es entregada a un hijo de Dios, tiene la misma autoridad de decretar que un rey, ordenar al mundo espiritual como un sacerdote y declarar como un profeta.

Esta misma autoridad de abrir y cerrar puertas le fue dada a Jesús al morir en la cruz y resucitar al tercer día. Al llegar donde estaba el Padre nos dejó el Espíritu Santo y nos prometió que haríamos mayores cosas. *"De cierto, de cierto os digo: El que en mí cree, las obras que yo hago, él las hará también; y aun mayores hará, porque yo voy al Padre"* (Jn. 14:12). A todo aquel que recibe a Jesús como su Salvador se le ha entregado esta llave, pero para activarla, o sea, para que funcione, es vital caminar como Jesús.

Tenemos muchas opciones de cómo caminar, pero cuando elegimos vivir como Jesús, amando lo que el Padre ama, nos entrega la autoridad de abrir y cerrar puertas. Dios nos dio la autoridad, pero para que se manifieste en la Tierra se necesitan hijos que le den prioridad y lo alaben en todo momento. La Biblia está llena de ejemplos de personas a quienes se les abrieron las puertas por su manera de adorar.

Pablo y Silas. Una de estas historias es la de Pablo y Silas. Su alabanza hizo el milagro de liberarlos de la cárcel, pero no solo eso, sino que hubo salvación para uno de los carceleros, y aun sus enemigos fueron impactados por sus actos de adoración.

La Biblia dice: *"Pero a medianoche, orando Pablo y Silas, cantaban himnos a Dios; y los presos los oían. Entonces sobrevino de repente un gran terremoto, de tal manera que los cimientos de la cárcel se sacudían; y al instante se abrieron todas las puertas, y las cadenas de todos se soltaron. Despertando el carcelero, y viendo abiertas las puertas de la cárcel, sacó la espada y se iba a matar, pensando que los presos habían huido. Mas Pablo clamó a gran voz, diciendo: No te hagas ningún mal, pues todos estamos aquí. Él entonces, pidiendo luz, se precipitó adentro, y temblando, se postró*

a los pies de Pablo y de Silas; y sacándolos, les dijo: Señores, ¿qué debo hacer para ser salvo? Ellos dijeron: Cree en el Señor Jesucristo, y serás salvo, tú y tu casa" (Hch. 16:25-31).

Pablo y Silas usaron la llave de la alabanza y la adoración y abriendo una puerta para conectar el cielo con la Tierra obtuvieron libertad y vida para ellos y para quienes los rodeaban.

El rey Josafat. Otro ejemplo del poder de la alabanza y la adoración fue la historia de Josafat. La derrota de sus enemigos fue por activar esta llave. La Biblia dice en 2 Crónicas 20:22: *"Y cuando comenzaron a entonar cantos de alabanza, Jehová puso contra los hijos de Amón, de Moab y del monte de Seir, las emboscadas de ellos mismos que venían contra Judá, y se mataron los unos a los otros".*

Las instrucciones de Dios para que Josafat ganara la guerra fueron que *"... puso a algunos que cantasen y alabasen a Jehová, vestidos de ornamentos sagrados, mientras salía la gente armada, y que dijesen: Glorificad a Jehová, porque su misericordia es para siempre"* (2 Cr. 20:21).

María de Betania. María también recibió la inmortalidad en el cristianismo por su forma extravagante de adorar a Dios. *"Aconteció que yendo de camino, entró en una aldea; y una mujer llamada Marta le recibió en su casa. Esta tenía una hermana que se llamaba María, la cual, sentándose a los pies de Jesús, oía su palabra. Pero Marta se preocupaba con muchos quehaceres, y acercándose, dijo: Señor, ¿no te da cuidado que mi hermana me deje servir sola? Dile, pues, que me ayude. Respondiendo Jesús, le dijo: Marta, Marta, afanada y turbada estás con muchas cosas. Pero sólo una cosa es necesaria; y María ha escogido la buena parte, la cual no le será quitada"* (Lc. 10:38-42).

Jesús se agradó del acto de María, y le dijo a Marta que esta había elegido la mejor parte, la cual no le sería quitada. Esto muestra que

María, con su adoración en intimidad, abrió una puerta que nadie podía cerrar.

Dios está buscando *gatekeepers* (son quienes cuidan las puertas) en quienes confiar, para entregarles esta llave y que sean activados para transformar su vecindario, la ciudad y las naciones. Hijos que pongan primero el Reino de Dios y su justicia.

Para obtener esta llave debemos llevar una vida de adoración en todo momento y usar la llave de David tal como él lo hizo, para conquistar territorios y transformar el reino de las tinieblas al Reino de los cielos. Esto mismo fue lo que Jesús quiso enseñarnos cuando le dijo a Pedro: *"Y a ti te daré las llaves del reino de los cielos; todo lo que ates en la tierra quedará atado en el cielo, y todo lo que desates en la tierra quedará desatado en el cielo"* (Mt. 16:19).

Él está buscando a quien confiarle la llave que abrirá lugares que ahora están cerrados y que serán transformados a través de Su presencia. Gente confiable, responsable, obediente, valiente y osada, que tenga el corazón de David y aunque ocupe un puesto de poder se mantenga humilde y obediente, pues seremos más efectivos en traer el cielo a la Tierra si somos activados.

En este último capítulo he querido que podamos entender lo importante que es reconocer los recursos que tenemos disponibles de parte de nuestro Padre para lograr una transformación interna que se refleje externamente, y así poder ayudar a los que nos rodean.

Jesús nos dejó una misión en Mateo 28:19: *"... id, y haced discípulos a todas las naciones..."*. Entre todo lo que puedas hacer para el Reino, este es el mayor mandato. Nunca olvide que para esto antes debe anhelar ser activado, para poder mostrar un evangelio de poder y alcanzar a todo aquel que aún no conoce ni ha disfrutado de los beneficios del Reino de Dios.

Ruego a Dios que sienta en su corazón hambre de estos recursos y que el pueblo de Dios use esta llave tan poderosa llamada "**corazón de un adorador**".

RESUMEN

La transformación comienza en la intimidad con el Padre, reconociendo que uno no es natural, sino sobrenatural y por lo tanto lo sobrenatural debe ser lo natural para usted. No tenemos lo suficiente porque no anhelamos más, ahora le pregunto:

- ¿Está conforme con lo que tiene?

- ¿Cuánto anhela caminar y hablar como su Padre celestial, en el lenguaje del cielo?

- ¿Cuánto anhela ver Su nube de fuego permanecer encima de su hogar, iglesia, Ministerio de Artes y dondequiera que se mueva?

- ¿Cuánto desea despertar un avivamiento en su ciudad?

Declaro y profetizo que mientras lee este mensaje cada letra será como un puñal que penetrará profundo en su espíritu, activará algo nuevo en usted y no tendrá otra opción que reaccionar.

Mi espíritu arde, pues Dios ha ensanchado mi visión de lo que es su iglesia y el Ministerio de las Artes Proféticas. Él me ha impregnado con anhelo a despertar un avivamiento en mi ciudad y en las naciones a través de las mismas.

Estoy lista para el día en que todos estemos en un mismo espíritu provocando Su presencia día y noche, hasta que Su nube nos arrope y su fuego se ponga (literalmente) encima de nuestras cabezas. Cuando esto ocurra, no tendremos necesidad de abrir la boca porque la gente vendrá de diferentes lugares del mundo para ver qué es lo que está pasando. Y cuando vengan, no tendrán otra opción más que postrarse y arrepentirse ante el ÚNICO Dios.

Dios lo ha creado con un propósito sobrenatural y lo que hay dentro suyo es mucho más de lo que usted pueda imaginar. Su propósito es más que ir a la iglesia, danzar, montar obras teatrales, música; es más que equiparlo e invitar ministros poderosos a su próximo evento. Dios lo creó para adorarle y mientras lo adore Él pondrá en usted Su corazón y misericordia, pero mientras esté conforme con lo que tiene, nunca anhelará un cambio a su realidad.

Nuestra nación ha sacado a Dios de las escuelas y nuestros jóvenes se están matando unos a otros. Las drogas, armas de fuego, divorcios, suicidios, robos, abortos, etc. son males que aumentan a cada segundo mientras que usted y yo esperamos que Dios haga un milagro. Sin embargo, el milagro ya está en usted y en mí y necesitamos llevarlo a los demás.

Dios está buscando para este tiempo hijos inconformes para alcanzar ciudades y países que están siendo dirigidos por potestades malignas de los aires. Dios está levantando una nueva generación y anhela verla actuar y que tengan hambre de ver el poder de Dios manifestado.

El Espíritu Santo traerá convicción de que Dios lo ha creado como transformador de atmósferas y que ha nacido para adorarle.

Su realidad es que usted es un hijo y tiene como misión reflejar en la Tierra exactamente lo que está ocurriendo en el cielo. Acepte su realidad, muera a su YO y deje que Cristo viva en usted.

Dentro suyo ya está la herramienta que Dios usará para bendecir a otros. ¡IDENTIFÍQUELA y ACTÍVELA para TRANSFORMAR!

TESTIMONIOS

LO QUE ESTÁ OCURRIENDO AHORA

En esta sección encontrará un listado de testimonios tanto de pastores, como de músicos, danzores y salmistas, a quienes les pedí que escribieran un breve testimonio de cómo las artes y House of T'heArts Int. School (HOTAI) han sido de bendición e influencia para sus vidas. Fui inspirada a hacerlo de esta manera porque sé que los testimonios son poderosos y lo ayudarán a activar su fe.

Pude haber añadido muchos testimonios más, como los reportes de los Revivalcamp globales que hemos hecho y más anécdotas personales, pero preferí que al leer estos testimonios se identifique con ellos y escuche las voces de otros que inyectarán su fe.

Mi anhelo y el de cada uno de los que testificaron aquí, es que al poner en práctica las sugerencias de este libro vea frutos en su vida y ministerio. Encontrará gente común, como usted y como yo, que aman a Dios con todo su corazón y que estuvieron dispuestos a ser "Activados para Transformar".

TESTIMONIO #1

"Conocí a Delki Rosso en una actividad a la que asistí en NY, donde había un grupo de danzores. Mis ojos se fijaron en una de ellas porque veía que danzaba con una gracia especial. Se veía muy feliz disfrutando de la presencia sublime que se sentía. Me quedé con esa joven en mi mente. En el 2009, Dios me llama a celebrar un evento de mujeres, y hasta me dio el nombre específico: Cumbre Profética de Gloria. Esta actividad debía contar con danzores que adoraran en Espíritu y en Verdad. Cuando recibí esta orden de Dios, le dije: 'Dios mío, ayúdame a conseguir a esa joven que vi danzando, tú sabes cuál es', porque yo ni el nombre sabía. Después de unas semanas, pude conectarme con ella—Delki Rosso. Cuando la vi le dije del evento que el Señor me pedía que llevara a cabo. Luego de eso nuestra iglesia la contrató desde el mes de junio hasta el mes de noviembre del 2009. Delki en ese tiempo tomó en sus manos alrededor de diecisiete niñas, jovencitas y adultas, las cuales fueron transformadas espiritualmente. Desde esa actividad nuestra iglesia, El Tabernáculo de Adoración no ha sido el misma. Hoy puedo testificar que el Ministerio HOTAI ha sido parte de una revolución gloriosa en nuestro ministerio. Hasta el día de hoy nuestra iglesia sigue participando de los eventos gloriosos que HOTAI celebra cada año; tales como los talleres de adoración y RevivalCamp Globales.

El Ministerio HOTAI no es solamente arte, sino una herramienta poderosa que Dios nos ha entregado para activar el don de sanidad divina y los milagros. Nuestra iglesia ha experimentado dos milagros poderosos a través de la intercesión y la danza profética; pudimos presenciar el milagro de sanidad de dos personas que Dios sanó; una de ellas fue una paciente de trasplante de hígado a la cual le quedaban pocas horas de vida y pesaba solo ochenta libras. Recibió el milagro a través de la intercesión y el uso

de las banderas en la danza profética. Y la otra persona iba a hacer operada de una histerotomía para removerle nueve fibromas, y cuando fue operada encontraron treinta y dos fibromas en sus ovarios, los cuales fueron removidos dejando sus órganos intactos. Tenemos fotos y evidencias médicas disponibles de estos impactantes testimonios.

Gracias al Señor por el Ministerio HOTAI y sus fundadores Edward y Delki Rosso, por dejarse usar para revivir este ministerio profético a través de las artes".

Con amor,

Pastora Dolores
El Tabernáculo de Adoración
New Jersey, USA

TESTIMONIO #2

"Si me hubiesen dicho en el 2008 que mi ministerio sería impactado a través de las artes, específicamente por la danza, no lo hubiese creído. Tampoco hubiese creído que el poder transformador del Espíritu Santo pudiera fluir increíblemente a través de una danza, la pintura y otros ministerios artísticos como estos. Lo que para mí antes era solo la decoración en algunos servicios especiales se ha convertido en un reconocimiento de que Dios desea ver las artes redimidas dentro de su pueblo, y ver también cómo las vidas son impactadas a través de ellas.

Desde que conocí a Delki Rosso y su ministerio he visto y palpado testimonios vivos del poder de Dios. Aun en mi propio ministerio he presenciado el fluir único del Espíritu Santo para conmigo

y con los que he tenido el honor de ministrar a través del canto. Creo, sin dudas, que Delki, así como mis pastores que también entienden que Dios usa poderosamente las artes, forma parte integral de pasos gigantescos en mi vida y como tal soy el producto de lo que Dios hace a través de las artes.

¿Cómo se logra esto? ¿Cómo se logra un impacto que sale de las cuatro paredes de nuestras iglesias? ¿Cómo es que podemos empoderar, activar y ver transformadas a las personas por el poder del Espíritu Santo?

El secreto de un ministerio con ese alcance es que no tan solo le crea a Dios, sino también que se pone en acción basándose en la Palabra. ¡Gloria a Dios!

Mi propia madre, estando en su lecho de muerte, tuvo una visión de nuestra Pastora Dolores intercediendo por ella; y detrás de ella veía diversos colores y un sonido que NUNCA había oído. La intercesión de nuestra Pastora y los colores detrás de ella le daban vida a un cuerpo casi muerto. Pero lo más poderoso de todo eso es que a más de 500 millas de donde estaba mi mamá muriendo, en Ohio, nuestra Pastora intercedía en la iglesia con un grupo en New Jersey, y mientras ella reprendía al espíritu de muerte que asechaba a mi madre, una de nuestras danzoras seguía detrás cada paso de la Pastora Dolores, y tenía banderas de diversos colores. Intercedía a través de su danza. Dios rescató a mi madre de la muerte a través del impacto de la intercesión y la danza. Casi un año después, mi madre visitó nuestra iglesia y durante el servicio nos confesó que el sonido de las banderas y los colores fue lo que ella había presenciado en su visión, detrás de la Pastora Dolores.

¿Por qué sucedió un milagro tan poderoso? Sé, sin dudas, que ministerios como el de Delki han entendido el poder de creerle a Dios y lanzarse a ver cosas mayores. Ya no se trata de una

decoración, sino que Dios nos retó a todos a creer que las artes fueron creadas por Él y para Él, y cuando aceptamos ese reto y nos lanzamos a ver más, Dios nos da el honor de ser parte de testimonios poderosos que impactarán generaciones venideras.

¡Créale a Dios, no dude, y verá cosas grandes y maravillosas!".

Jessica L. Yost
Adoradora Profética Int. y Líder de Adoración
Tabernáculo de Adoración del Pueblo
Jersey City, NJ

TESTIMONIO #3

"'Activados para Transformar' no solo se trata de un libro con palabras bonitas para que toque sus emociones, sino un testimonio vivo y eficaz de mi amada Delki que va a transformar todo su entendimiento acerca de lo que usted es para el Reino de Dios y cómo Él quiere usarle para traer el cielo a la Tierra.

Cuando llegué a mi iglesia Palabras de Vida, hace unos 10 años, recuerdo que Delki Rosso fue clave durante mi inicio con el Señor. No solo ella invirtió en mi vida, su testimonio fue de gran instrumento para mi restauración. Yo no sabía que había algo bueno en mí, ni siquiera pensaba que había algo de talento en mí; durante ese tiempo vi cómo las artes en mi congregación se movían poderosamente.

La pasión de Delki y el ministerio cuando danzaban, hacían dramas o mimos activaba ese don artístico y profético en mí; fui ministrada y pude experimentar la presencia de Dios de gran manera.

Vi cómo el liderazgo de Delki en el Ministerio de las Artes en nuestra congregación nos llevó a un mayor entendimiento del poder de las artes, especialmente cuando son usadas para la gloria del Creador. He visto con mis propios ojos cómo a través de las artes las vidas han sido liberadas, restauradas, sanadas y activadas para tomar su lugar en Cristo.

Las artes no sólo sirven para hacer una presentación bonita, sino para expresar el corazón de un Padre que desea grandemente tener una relación íntima con sus hijos. Un Padre que desea verlos viviendo y estableciendo su Reino en esta Tierra.

Ahora formo parte del Ministerio de Artes en mi congregación 'ImaginArtes'. Como asistente del ministerio tengo el gran honor y privilegio de restaurar y activar esos dones en los demás. Mi pasión es ver a las personas reconciliadas con el Padre celestial. Me encanta activar la creatividad que fue puesta en cada uno de nosotros por el Creador. A través de la pintura, el drama, la danza, la poesía y todo lo que es arte, mi pasión es activar esa creatividad en cada miembro para que el corazón del Padre se revele a las multitudes.

HOTAI también ha sido un gran instrumento para el Reino de Dios, no solo ha servido como una plataforma para la restauración de las artes en numerosas congregaciones, también ha sido una gran herramienta para restaurar las vidas de MUCHAS personas. He tenido el honor de participar en cada Campamento de Avivamiento de HOTAI, y ahí hemos visto frutos innumerables del poder de Dios y cómo se mueve a través de las artes. Sirviendo en estos campamentos también he sido empoderada y animada para continuar haciendo las obras de mi Padre.

Este libro va a ponerlo en una situación incómoda porque va a darse cuenta de lo mucho que hay que hacer. Dios te está llamando a más, Él no solo quiere que le hablemos. Los frutos de Delki son

muy notables, y en este libro ella habla de puntos clave que son esenciales para restaurar, establecer, activar y reproducir las artes como Dios lo desea en esta Tierra. Se trata de entender su identidad como hijo y tomar su lugar para hacer Su obra.

Mi amada Delki, estoy orgullosa de ti. He visto cómo te has dejado moldear en las manos del alfarero, tu vida ha sido un gran ejemplo para mí. Gracias por retarme, empujarme y darme muchas oportunidades para activar esos dones y talentos en mí".

¡¡Te amo!!

Yassiel Santos
Pastora de Jóvenes Asistente de las Artes "ImaginArtes"
Palabras De Vida Bronx, NY, USA

TESTIMONIO #4

"Cuando Dios deposita un deseo en tu corazón es porque va a cumplirlo, Él nunca pondrá un deseo que no pueda hacerlo realidad. Uno de esos deseos guardados en mi corazón para mi iglesia era tener un ministerio que adorara a Dios a través de las artes, en especial la danza, pero no sabía cómo hacerlo hasta que llegó a mi vida Delki Rosso y con ella todo su proyecto HOTAI. Hoy no es un sueño particular, sino una realidad en nuestra iglesia, donde desde hace tres años desarrollamos el Ministerio de las Artes 'Pies de Ciervas'. No importa la edad, desde niñas/os, jóvenes y adultos aprenden a ministrar a Dios y esto se convierte en un instrumento de discipulado, activación, despertar y avivamiento. Esto ha sido transmitido al resto de la iglesia, y hemos sentido que alegramos el corazón de Dios porque a través de las artes también se ha derramado salvación, sanidad, liberación. Esto acontece cuando lo que

se hace agrada al corazón del Padre. HOTAI ha sido un instrumento de Dios en este tiempo para bendición del Reino".

Pastora Oneida Nadal
Iglesia de la Alabanza del Señor Jesucristo
Bronx, New York, USA

TESTIMONIO #5

"Creo que podría escribir un libro sobre todos los procesos que he atravesado. A pesar de todo, lo más importante que he aprendido es que caminar con Dios es un proceso de cada día y nuestro trabajo como hijos de Dios consiste en someternos a lo que Él ha preparado, para que podamos brillar aún más de lo que imaginamos.

Desde pequeña amé el baile; la mayoría de mi tiempo lo pasé frente a un espejo bailando. Participé en muchas presentaciones en las cuales yo misma hacía las coreografías. Desde pequeña, no solo me gustaba bailar, sino que también me encantaba montar coreografías.

Lo que no sabía era que mi manera de pensar y mi baile cambiarían con el tiempo. Todo comenzó cuando asistí a la iglesia a la que voy actualmente. En ese momento pude sentir cosas que nunca había sentido, conocí a alguien que hasta hoy en día no me ha dado la espalda. Conocí a un Dios que me amaba incondicionalmente sin importar lo que había hecho. Me acuerdo que cuando vi a Delki Rosso danzar sentí algo raro, pero a la vez fue algo que trajo paz y amor a mi corazón.

Yo era una niña muy rebelde y nada ni nadie podía someterme; por causa de esta rebeldía viví muchos momentos difíciles que me llevaron a la depresión y a sentirme rechazada. Eran sentimientos

normales para mí. Lo que vi en Delki fue diferente, incluso dije que nunca me pondría esos vestidos y que nunca danzaría igual que ella, pero al seguir observándola me costó admitir que hubo algo que me impactó.

Como dije anteriormente, nunca pensé que danzar para glorificar a Dios fuera algo que yo podría hacer. Esto no fue fácil, aunque la jornada fue larga puedo ver la gloria de Dios brillar en mí.

Muchas lágrimas, risas, malos y tristes recuerdos, cada uno de esos momentos han cambiado mi vida y nunca tendré suficientes palabras para explicar lo que siento cuando danzo para glorificarlo a Él.

Pero hoy y siempre le doy gracias a Dios por lo que hace en mi vida, y también le doy muchas gracias a Delki Rosso porque nunca se rindió conmigo, aun cuando yo pensé que no podía más. Ella siempre creyó en mí y me recordó que nunca debería perder la FE.

Ahora ella es mi amiga, hermana, mentora y madre espiritual; pudo enseñarme que lo que amaba tanto no era nada si no se lo dedicaba a Dios. Es más que una danza, es mucho más que un talento, es poder causar una transformación con tu adoración dondequiera que vayas. La obediencia y la sumisión son lo más importante para que un danzor pueda fluir como nunca antes. Fue difícil, pero mi vida es un testimonio que vale la pena, Jesús es mi todo y vivir para Él fue la mejor decisión que pude haber tomado".

Argelis Capellán
Palabras de Vida Bronx, New York, USA

TESTIMONIO #6

"Después de recibir a Jesús como mi Salvador, mis sueños cambiaron, y uno de ellos fue ser parte de un ministerio de danza en el cual yo pudiera aprender a manifestar la pasión y el amor por mi Rey que crecía fervientemente dentro de mí.

Conocer a Delki fue algo del cielo. Una mujer cuya pasión y osadía por el Reino de Dios llamó mi atención desde el principio. Yo quería lo que ella tenía y deseaba aprender un poco más de ella. Pasó un año antes de que volviéramos a encontrarnos con un fuerte abrazo, y de allí surgió una conexión muy especial. También pude tener una cercanía con algunos miembros del ministerio HOTAI, del cual brillaba la misma pasión de servir a nuestro Señor con un corazón contrito y humillado.

Ya hace más de tres años comencé la aventura de ser parte de este increíble ministerio del cual me siento muy honrada de ser parte. Delki, más que mi líder se ha convertido también en una gran amiga a la cual honro y respeto inmensamente.

Hay algo que hace esta experiencia única, y es el hecho de que vivo a más de mil millas de la ciudad donde se encuentra el ministerio House of T'heArts. Cada vez que nos vemos y tengo la honra de ministrar junto a Delki y el resto del equipo, hasta en la parte más espiritual hay una conexión divina que es inexplicable. Nos conectamos como si viviéramos en la misma ciudad y como si practicáramos y adoráramos juntas cada semana.

Yo amo a esta mujer del Reino, y lo que he aprendido al lado de ella y de su ministerio ha sido más que 'danzar', más que unas cuantas coreografías y hasta aún más que unas cuantas lecciones. En mi vida ha cambiado mi forma de adorar y la intimidad con la cual sé que puedo conectarme con el Espíritu Santo. Esto ha sido solo un poco de lo mucho que Delki junto a su familia (Edward,

Dejoy y Juli) y el ministerio HOTAI han bendecido y ministrado mi vida personal y espiritual".

Jennifer Diaz
F.L.O.W. Dance Ministry
Fellowship of believers Sarasota, Florida, USA

TESTIMONIO #7

"Hola, mi nombre es María Soledad Poalasin y tengo diecinueve años. Muchas cosas han pasado en estos últimos años, he crecido y aprendido. Uno de los momentos cruciales en mi vida fue haberme convertido en una estudiante en los primeros años de la escuela House of T'heArts.

Al principio era definitivamente incómodo porque la danza era algo nuevo para mí. Antes había 'danzado' en eventos especiales en mi iglesia pero eran movimientos diferentes a los que veía ahora. Yo no entendía lo mucho que la danza podría impactar las vidas de otras personas hasta que asistí a esta escuela de danza. En HOTAI empecé a entender lo que tanto había escuchado que otros me decían de la danza, pero esta vez todo tenía sentido. Entendí que la danza es una forma de adoración, y que esta es un estilo de vida que causó un cambio en mí en lo personal y espiritual.

Cuando llegué a esta escuela de danza era el final de las vacaciones de verano de mi primer año de la escuela secundaria. Durante mi primer año hice cosas que no eran correctas de acuerdo a la Palabra de Dios. Sufrí por la falta de amor en mi vida e hice cosas con los chicos que pensé que llenarían ese vacío, pero nunca lo hicieron. Así que cuando me di cuenta de que no estaba viviendo conforme a lo que Dios quería de mí y que no estaba cuidando mi

cuerpo (templo del Espíritu Santo), me preocupé mucho y anhelé un cambio. Fue un largo proceso de fracasos y lecciones aprendidas. Pero con los ejemplos de vida de los maestros, el Espíritu Santo me tocó y me mostró cómo tenía que cambiar. Disfrutaba ver a los profesores danzar; la forma en que me enseñaban realmente impactó mi vida. Me dieron la fortaleza para ser diferente y cambiar para mejor.

Aprendí que soy la princesa de Dios y que Él me ama y perdonó mis pecados el día de su muerte en la cruz. Desde ese entonces decidí aceptarlo, ser su hija y seguir adelante. Mi danza empezó a cambiar cuando entendí que tenía que orar y leer su Palabra para entender quién era yo en Su nombre. Crecí en mi tiempo con Dios y esto comenzó a reflejarse en mi danza. Soy muy reservada y apenas hablo porque siempre he sido muy tímida, pero la danza es la herramienta perfecta para hablar con otros acerca de lo que Dios ha hecho en mi vida. El amor, la tranquilidad de espíritu y la alegría que Dios impartió en mí fue lo que empezó a reflejarse a través de mi danza. Era mi momento para mostrar a los demás el cambio increíble que Dios había hecho en mí".

María Poalasin
Iglesia Metodista Libre
New York, New York, USA

TESTIMONIO #8

"Cuando se me pidió dar un consejo práctico a los que ministran en la música, basado en mi experiencia, la mente corrió en muchas direcciones (técnicas para ensayos más productivos, cómo trabajar en colaboración con otras áreas del Ministerio de Adoración

local, etc.). Sin embargo, por más que intenté buscar y buscar en qué enfocarme, la Palabra que resaltaba era 'abrir'. Obviamente, la pregunta que seguiría a esta palabra sería '¿abrir qué?'.

Conozco el corazón de mi amiga Delki y sé que a través de estas páginas han podido comprender que su deseo es ver ministerios que impacten no solo sus iglesias, sino también sus comunidades, ciudades, estados, naciones y el mundo entero. Pero para hacer esto debemos estar prestos para recibir directamente de parte de quien nos dio la comisión de impactar: Dios mismo. Músicos, lo mismo se aplica a nosotros, 'abrirnos' implica esto mismo, estar atentos a lo que el cielo dice para que se lo comunique al pueblo. ¡Wow!

Yo sé que esto suena como algo extraterrestre y quizás muy ajeno a lo que usted considera que es su función domingo tras domingo, pero no lo es. Sin saberlo usted es parte del plan genial de un Dios que desea obrar a través suyo y de las habilidades que tiene. Su música, si se abre a lo que Dios quiere decir, es mucho más que notas bien colocadas, acordes excepcionales o arreglos que vuelen la cabeza.

Ahora, cada nota se convierte en un mensaje celestial que intenta conectar el cielo a la Tierra. Su música tiene toda la capacidad de transformar corazones, sanar heridas, traer sanidad física, unir familias y rescatar al perdido, en cuanto entienda que Dios le pide que SE ABRA.

Soy un testigo vivo de esto y sigo viendo Su mano obrando no solo en otros, sino también en mi vida y cuerpo físico. Cada acorde es mi oración, mi deseo y mi corazón pidiendo que pueda ser un transformador de atmósfera.

Entienda esta verdad: lo que hace cada semana carga en sí una llave que solo usted puede usar. Esta llave que Dios me dio no puede abrir puertas si yo, Ruth Rodríguez, no le ordeno. Esta llave responderá solo a SU VOZ. Así que cada vez que prenda su teclado,

ajustes las cuerdas de su bajo, afine la batería o prepare cualquier instrumento, abra su corazón y con SU llave diga: 'Espíritu Santo, aquí estoy listo para que a través de mi instrumento hables los secretos que el Padre y el Hijo estén hablando acerca de Su pueblo, y me permitas comunicarlos efectivamente'".

Pastora Ruth Rodríguez
Directora de Ministerio de Música
Tabernáculo de Adoración del Pueblo, NJ, USA

TESTIMONIO #9

"Las artes para mí han sido la manera creativa y divertida para poder cada día descubrir y apasionarme más por Dios. El tesoro más grande que he descubierto en la danza es la libertad. Consiste, simplemente, en sentirme como una niña y descubrir cada día un secreto más de mi Padre.

También ha sido una herramienta poderosísima para discipular jóvenes. Sí, 'los inconstantes, rebeldes y haraganes jóvenes de la iglesia', aquellos con quienes muchas veces no sabemos qué hacer. Dios me ha permitido usar las artes para enseñarles a descubrir la esencia de quiénes son y para qué fueron creados. He visto frutos hermosos en vidas que tal vez otros han creído que era imposible restaurar, pero para Dios ha sido posible.

Mi inicio en las artes, específicamente en la danza, yo diría que fue parte un acto de pura obediencia (porque lo que deseaba en mi vida era ser danzor). Cuando decidí entrar en la primera clase de la escuela House Of T'heArts, ahí conocí a la hermosa y osada Delki, quien años más tarde se ha convertido en una verdadera hermana

y mentora, una persona con la que he reído en los momentos buenos y luchado en las oportunidades y procesos de la vida.

Creo que lo mejor que he aprendido de ella es saber que aunque los procesos son dolorosos y casi nunca se entiende por qué hay que obedecer, al final Dios se glorifica en cada uno de ellos y es lo que usa para llevar su vida a otro nivel".

Paloma Fernández
Iglesia de la Alabanza del Señor Jesucristo
Bronx, New York, USA

TESTIMONIO #10

"Entregué mi vida al Señor en el año 2004 y entré al Ministerio de Danza en el 2006 bajo el liderazgo de Delki Rosso, en la iglesia Palabras de Vida. Desde que conocí a Delki supe en mi espíritu que era una persona muy especial, llena de sabiduría y gracia. Bajo su liderazgo aprendí sobre la danza cristiana, cómo liderar con amor, pasión, respeto y acorde con lo que está en el corazón de Dios. Durante el liderazgo de Delki en el Ministerio de Danza tuve la oportunidad de trabajar cercanamente con ella y aprender a recibir mucho de ella. Más tarde me convertí en su asistente en el ministerio; Delki hizo tan buen trabajo como líder, que luego quedé como líder del Ministerio de Artes en Palabras de Vida.

Hubo un tiempo de transición en el ministerio y en la vida de Delki, donde Dios nos estaba preparando para que yo quedara como líder del ministerio y Delki se ensanchara para aceptar el reto a la visión que Dios le mostraba: abrir su propia escuela de artes: House Of T'heArts. Sin duda alguna, Delki impactó y tuvo

mucha influencia en el desarrollo del ministerio de danza en Palabras de Vida y en mi vida.

Ser líder de un ministerio es mucha responsabilidad y ser parte del liderazgo del Ministerio de Danza no es nada fácil, son muchos detalles de los que uno es responsable; aunque la mayoría de la gente no se dé cuenta de ello. Muchas personas creen que el Ministerio de Danza solo se reúne a danzar, a divertirse y a ponerse vestimentas bonitas. No es así; hay enseñanzas, prácticas, reuniones, discipulado, organización, coordinación y en todo ese proceso Dios trabaja con nuestro corazón y carácter.

Como una ex-miembro del ministerio fue mucho lo que aprendí y avancé en mi vida espiritual, tanto es así que pienso que de no haber tenido un discipulado en el Ministerio de Danza quizás me hubiese tomado más tiempo crecer y avanzar rápidamente en el Señor.

En el Ministerio de Danza Dios trató con mi carácter, cómo ser responsable, obediente, cuidar mi relación con Dios y mantenerme en santidad. Como líder de ministerio, Dios sigue moldeándome para alcanzar un mayor nivel de responsabilidad, y en mi carácter para poder liderar en amor.

Son muchas las veces en las que he querido dejarlo todo, a veces me siento a pensar por qué estoy allí como líder; Dios puede poner otra persona más talentosa, con más gracia, con mejores destrezas físicas, con más creatividad, etc. La lista sigue porque siempre encuentro razones por las que otra persona debería tomar mi posición, pero es a Dios a quien le ha placido ponerme ahí. Él sigue recordándome que no estoy ahí por mis emociones, sino con un propósito suyo.

Si usted es un líder que ha sentido dejarlo todo, simplemente recuerde de dónde le sacó Dios y hasta dónde le ha traído. Si está en esa posición es porque a Dios le place tenerla ahí. Mi mayor

recompensa es ver a Dios glorificado en cada danza, drama o pintura que hacemos; y también ver a los miembros del ministerio crecer, desarrollarse y avanzar aún más que uno mismo. Ese es el plan, que los miembros puedan sobrepasar al líder, ahí es cuando uno se da cuenta que está haciendo un buen trabajo, porque la visión seguirá corriendo aun cuando uno ya no esté.

El camino no es fácil, pero hay un propósito mayor por lo que sí vale la pena pasar cualquier dificultad, y ese propósito es ver el Reino de Dios establecido y glorificado en Él".

En amor,

Leidy Negron
Líder del Ministerio "ImaginArtes"
Palabras de Vida Bronx, NY, USA

TESTIMONIO #11

"Creo que vi a Delki por primera vez en un video en el que estaba vestida de color morado y dorado con unas alas. Desde ahí vi la pasión que emanaba de ella al ministrar a Dios y pude identificarme. Justamente fue para el año 2008/2009, para ese entonces tenía Myspace pero no fue hasta que llegué a Facebook que me encontré con ella cuando busqué su nombre para pedirle amistad. Siguiéndola en Facebook vi la promoción de Bringing Heaven To Earth, en Pensilvania 2010.

Mi grupo de danza fuimos con la líder desde Puerto Rico; no fuimos a dar, sino a recibir de este hermoso ministerio. Quedé impactada no solo por la excelencia, sino por ver que Dios en medio de cada devocional y en cada taller se glorificaba con poder. Ciertamente, algo me decía: 'yo quiero esto'. Una vez que terminó

el evento pudimos hablar en casa de Delki y ella me reconoció porque siempre hablábamos en Facebook: 'Tú eres Ilia de Puerto Rico'. Y sí , nuestra amistad nació en Facebook, ¡fue como una conexión divina!

En Puerto Rico, conversando con Delki, un día ella me preguntó sobre arte gráfico y, ciertamente, yo me dedicaba a eso, pero no para clientes, sino para mí. Ella comenzó a activar un don especial para crear arte gráfico y desde ese entonces, y para la gloria de Dios, he trabajado en el ministerio House of T'heArts International como artista gráfico, publicista y directora del departamento de mercadeo, y he podido experimentar desde ese primer momento una conexión divina, tiempos de intercesión, oraciones, procesos, capacitaciones... ¡Wow! Desde el 2010 hasta hoy Dios me ha llevado de un lugar a otro para servir dentro del ministerio y expandir las grandezas del Rey a través de HOTAI. ¡He sido más que bendecida!

Hoy soy maestra internacional en HOTAI, he dado talleres de danza en el Revivalcamp 2011, donde Dios me permitió bendecir a muchos niños y activarlos para danzar con propósito. En Revivalcamp 2012, en el taller de abanicos en República Dominicana, pude ver cómo Dios se movió en lo sobrenatural. Esta experiencia en República Dominicana marcó mi vida para siempre. Fue activado en mí un espíritu de osadía para ser usado por el Espíritu Santo. ¡Qué privilegio! Para mí, Delki, Edward Rosso y House of T'heArts International me han abierto las puertas como líder para aprender que todos los días debemos anhelar más de Dios. Ahora puedo decir que sí existen las conexiones de Dios y la unión en espíritu.

Veo que la restauración de las artes es más palpable cada día, y agradezco a Dios por líderes como Delki Rosso que están marcando a una generación hambrienta, que enseñan una visión apostólica y

profética del Reino, y que su anhelo es establecer su Reino aquí en la Tierra con la realidad del cielo.

Como siempre he dicho, 'líderes bendecidos, discípulos bendecidos', por eso les honro y les bendigo. Ha sido duro el trabajo, hemos estado horas y noches enteras trabajando (*websites*, creando, reuniones) etc., pero puedo ver el fruto del trabajo y sentirme yo también fruto de todo eso. Siempre he dicho que me gustaría estar más cerca, pero también estoy convencida de que la distancia es parte del propósito de Dios porque la conexión es simplemente divina y con propósito. ¡Bendigo a Delki y su familia, bendigo a HOTAI y declaro que alcanzaremos muchas vidas en nuestro caminar!"

Ilia Barreto
Iglesia Hosanna
Puerto Rico, USA

TESTIMONIO #12

"Qué privilegio poder testificar de una mujer tan extraordinaria y sencilla como Delki, y contarle cómo su vida y ministerio han sido de gran influencia. Ha ocurrido una transformación poderosa y maravillosa en nuestra Iglesia en el área de las danzas y las artes creativas. Verdaderamente, podemos decir que a partir de que Delki llegó con su testimonio, y luego con un 'Revivalcamp' hubo un despertar, un avivamiento y una revolución en nuestra manera de expresarle la adoración a Dios con movimientos, danza, panderos, etc., para buscar la excelencia y a la vez ser sensibles a ser guiados por el Espíritu Santo.

Lo que está ocurriendo ahora en La Iglesia Fuente de Fe es un crecimiento y un hambre por el Reino de Dios. Se establecieron

cinco ministerios, las artes son más y variadas, hay libertad de expresión e inspiración y se alcanza una alabanza y una adoración en una dimensión cada vez mayor en la búsqueda de ser de olor fragante a nuestro Dios.

Estamos agradecidos a Dios por Delki y su ministerio, es una alegría saber que sigue trabajando por dar lo que Dios le ha dado. Y ahora, a través de este libro que recomendamos en gran manera, estamos seguros de que será de inspiración y avivamiento para sus ministerios.

¡Muchas más bendiciones para ti, Delki!".

Pastores Pedro y Gladys Rueda
Iglesia Fuente de Fe
New York, USA

TESTIMONIO #13

"Una niña asistía a una iglesia; tenía cuatro años cuando comenzó a danzar. La mayor parte del tiempo era muy tímida y reservada, sin embargo, pertenecía al Ministerio de Danza de la iglesia.

Crecer en la iglesia es siempre una bendición, aunque para ella, no era así. Sus padres eran líderes de esa iglesia por lo que no siempre ella podía hacer lo que otros niños hacían con libertad. Ese sentimiento hizo que se sintiera aislada de los demás, y a medida que crecía, mayor crecía el desinterés por danzar, al punto de que trataba de llegar tarde a la iglesia para no tener que ministrar por medio de la danza.

Aunque seguía asistiendo a la iglesia, comenzó a vivir una doble vida, y esto arruinó su relación con Dios, con padres, su ministerio y todo en su vida. Tuvo que atravesar por serias consecuencias. Pensó estar enamorada, aunque sabía que no era correspondida de igual manera. Este amor era egoísta, infiel e inconsistente. **Esa niña fui yo.** Estuve enamorada de un amor falso que pensé que era lo que merecía. Fue una relación llena de dolorosas palabras, y pensé que no había maneras de salir de él; por todo lo que había hecho creía que no merecía otra cosa.

Un año, una familia, un ministerio, me encontraron y me permitieron aprender lo que es el verdadero amor. Creo que es cierto cuando dicen que el verdadero amor aparece cuando uno deja de buscarlo. De un momento a otro todo todo comenzó a cambiar muy rápidamente en mi vida; y fue a través del Ministerio de Danza "House of T'heArts" que el verdadero amor me encontró.

No puedo negar que las malas experiencias del pasado me asustaban y amenazaban diciéndome que esta nueva etapa de mi vida no iba a funcionar, sin embargo, han pasado cinco años desde que comencé con House of T'heArts Ministry y he aprendido a madurar como cristiana, como hija, como persona, como líder, como amiga y en todas las áreas de mi vida.

Aunque las cosas estaban saliendo muy bien, venían a mí pensamientos de culpabilidad. Sentía que mi danza aun no agradaba a Dios por la culpa y el remordimiento. Cada año, el Ministerio House of T'heArts promueve el RevivalCamp en el cual he tenido la bendición de participar en los últimos cinco años; fue en uno de los RevivalCamp en el que recibí una palabra que por siempre llenó mi vacío y cambió toda mi perspectiva sobre lo mucho que Dios me amaba.

Estoy muy agradecida por el amor incondicional que cada uno de los miembros de House of T'heArts, junto a sus fundadores

Edward y Delki Rosso, me han brindado, y por introducirme en el amor y la gracia inagotable de Dios a través de las artes. Tuve la bendición de haber encontrado el amor verdadero del que Gálatas 5 habla. Resulta que, incluso cuando era niña yo no era como todos los demás; desde el principio Dios me había separado para algo especial, y ¡gracias a este ministerio soy capaz de desarrollarlo!".

Michelle Santiago
Iglesia Fuente de Salvación
Jersey City, New Jersey, USA

TESTIMONIO #14

"Desde antes de nacer Dios tenía un propósito grande para mi vida. Después de tratar de concebir durante diecisiete años, Dios hizo un milagro en mi madre, Jocelyn Arias, meses antes de grabar su primera producción musical como cantante cristiana. Cuando nací el enemigo quiso matarme. Nací con una bacteria en mi sangre, la cual si se hubiera alojado en mi cerebro me hubiera causado la muerte. Dios les dio sabiduría a los médicos y encontraron a tiempo la bacteria alojada en mi pierna, así Él salvó mi vida.

A muy corta edad, tan solo 19 años, he pasado por muchas situaciones difíciles, pero la mano de Dios ha estado sobre mi vida librándome de toda oposición del enemigo. He aprendido que nada ni nadie logrará impedir los planes que Jesús tiene para mi vida. Aunque nací y conocí el Evangelio a través de mis padres, tuve que tener un encuentro personal con Dios.

Al cumplir catorce años, tuve la convicción de que necesitaba entregarme completamente a Cristo, y en ese momento de mi vida fui bautizada con el Espíritu Santo. Durante ese mismo año, mis

padres levantaron una congregación (Centro Cristiano Adoración en Unión City, NJ, hoy en Manhattan, NY). El Señor me levantó como levita del grupo de alabanza y adoración. A la vez, discipulé a un grupo que, eventualmente, sería parte de nuestro Ministerio de Danza 'Xtreme Worship'. Aunque tuve experiencia con escuelas de baile profesionales desde los cuatro años, mis pastores y yo entendimos que necesitaba instruirme no solamente en lo físico, sino también en lo bíblico para hacerme cargo de las artes. Deseaba la ayuda de alguien que realmente pudiera entenderme.

Durante toda mi vida fui muy tímida e introvertida. No tenía las características de una líder desarrollada y tampoco tenía conocimiento para empezar un ministerio por mi cuenta. Incluso, la timidez era tan extrema que no tenía muchas amistades. Aunque me apasionaban las Arte y tenía talento, se me hacía muy difícil estar delante del público. Gracias a Dios, tuve el privilegio de conocer a Delki Rosso cuando danzamos juntas en un concierto de mi madre, Jocelyn Arias.

Desde ese momento empecé a involucrarme en las clases y en los eventos de House of T'heArts, sin saber lo que Dios iba a hacer. Lo que aprendí con Delki pude usarlo en el Ministerio de Danza y las integrantes también tomaron clases con HOTAI. Pasaron los años y cuando pienso en el viaje, me alegro al ver cómo Dios estuvo presente en cada momento de mi vida. Jamás me hubiera imaginado siendo parte de un equipo de transformadores de atmósferas y experimentar todo lo que Dios me ha permitido vivir junto a ellos. Es un honor ser parte del ministerio de House of T'heArts, y es una bendición ser amiga de Delki Rosso y su familia.

He recibido tantas bendiciones a través de esta familia; el Señor ha usado a Delki para moldearme como la mujer de Dios y líder que soy hoy en día, capacitándome, ministrándome e instruyéndome como una adoradora y sierva de Dios. Me gozo de ver cómo Dios ha

usado a HOTAI y a mi amiga, maestra, mentora, Delki, para bendecir mi vida y enseñarme a levantar líderes consagrados a Dios y preparados para moverse en la dimensión profética de las artes.

Necesitamos estar dispuestos a obedecer a Dios y a darle libertad para transformarnos. El avivamiento y el mover profético son muy poderosos y hermosos para la gloria de Jesucristo; pero no nos olvidemos que la unción tiene un precio. Cuando amamos a Jesús con todo nuestro ser, ¡no hay límites para nosotros! Es importante estar dispuestos a hacer lo que sea para la causa de Cristo. Yo oro para que Dios le hable a través de este libro de mi amada Delki, y que su vida nunca sea igual. ¡Actívese para ser transformado y transformar a otros! Yo soy testigo de que la persona que soy hoy es completamente diferente a la persona que era en el 2009.

¡Ese es el poder de la transformación de Cristo!".

Con mucho amor,

Isabelle Arias
Centro Cristiano de Adoración
New Jersey, USA

TESTIMONIO #15

"El Ministerio de Delki Rosso, HOTAI, ha sido una bendición para nuestra congregación, Centro Cristiano de Adoración. El depósito de gloria que Dios ha derramado sobre Delki es muy poderoso. A través de ellos Dios ha levantado a mi hija Isabelle como líder de danza y maestra de las artes proféticas.

Nuestra iglesia cuenta hoy con un Ministerio de Danza capacitado por HOTAI y ungido por Dios para levantar a una generación

que tiene hambre de Dios, busca su gloria y ha entendido la importancia del desarrollo de las artes en la iglesia y en el Reino de Dios.

Doy gracias a Dios por levantar a una adoradora de este calibre en tiempos como estos, con pasión por el desarrollo de futuros adoradores en todas las áreas de las artes proféticas".

Salmista internacional Jocelyn Arias
Pastora Centro Cristiano de Adoración
New Jersey, USA

TESTIMONIO #16

"Lo que está pasando a través de HOTAI solamente puedo describirlo como algo sobrenatural. No solo los ministros (danzores) son transformados, sino que juntamente con ellos también nosotros como pastores estamos siendo transformados por el Espíritu Santo a través de la danza profética.

He entendido que Dios usa a dicho ministerio; y nosotros, como pastores, necesitamos ministerios en nuestras congregaciones que sirvan como herramientas puestas por Dios para el crecimiento de la iglesia en su totalidad.

En el año 2010 tuve la bendición de que Delki Rosso, juntamente con su equipo HOTAI, fuera a mi iglesia Fuente de Salvación, Kissimmee Florida para bendecirnos por medio de uno de sus RevivalCamps 'Bringing Heaven To Earth' (Trayendo el Cielo a la Tierra). Fueron muchas las bendiciones que recibimos. Unas de ellas fue que nosotros, como pastores, fuimos los primeros en ser impactados por el Espíritu Santo y pudimos entender muchas cosas, incluyendo cómo iniciar el Ministerio de la Danza en nuestra

iglesia. Delki nos enseñó cómo arrebatar las artes a través de la danza y cómo activarnos en dicho ministerio.

Hoy en día puedo ver el mover del Espíritu Santo a través de la danza, y eso se lo agradecemos a Dios y a HOTAI...

Recomiendo totalmente al ministerio".

Pastora Wanda Rivera
Fuente De Salvación
Kissimmee Florida, USA

TESTIMONIO #17

"House of T'heArts Int. School y Delki Rosso han sido una gran bendición en mi vida para que yo pudiera descubrir mi ministerio en el Señor. Recibí una ministración de parte de Dios a través de Delki: debía dar más y más. En ese momento apenas tenía unos meses de iniciada en la danza. Hoy, por la gracia de Dios y lo que he aprendido a través de este ministerio, he afirmado mi talento, profetizo a la vida de otros, recibo sanidad en mi familia y estoy levantando un Ministerio de Artes en la iglesia en la que me congrego. He aprendido sobre la honra, el trabajo en equipo, herramientas para ser líder y estrategias para balancear mi vida como cristiana, madre, esposa e hija".

Inés Francisco
Líder de Danza
Casa de Dios, Ciudad de Fe, República Dominicana

TESTIMONIO #18

"La más alta adoración. Adorar a nuestro Rey Jesús es la más alta expresión de amor, gratitud y gozo que un alma transformada, regenerada, y vivificada puede tener hacia su Creador y Señor. El Salmo 150:6 declara: *'Shammanesh halal YAH halal YAH' ('Todo lo que respire alabe a Jehová')*. Nuestro Señor permite que le adoremos de diferentes maneras y formas. Podemos adorarlo postrados, de rodillas, con manos alzadas, en silencio, con griteríos y también con júbilo. En cuanto al uso de instrumentos, podemos adorarlo con panderos, címbalos, trompetas, saxofón, baterías, guitarras, y otros más. El Señor nos ha dotado de mentes creativas para honrarle con excelencia; y qué gran bendición es que hoy en día podamos hacer uso de las artes también para exaltar, engrandecer y glorificar el nombre de nuestro gran Dios.

Recuerdo el año 1994, cuando un grupo de hermanos adoradores invadieron nuestra iglesia dirigidos por el Pastor Rabino Darío Rodríguez desde Isabela, Puerto Rico. Ese fue un tiempo hermoso en que los hermanos visitantes compartieron sus talentos con música, danzas, y una diversidad de expresiones artísticas. Los instrumentos, las pancartas, armas de guerra y júbilo que los hermanos danzores desplegaban daban un visible realce a sus expresiones de agradecimiento y exaltación a su Creador, *Yaweh Elohyim*. Este ministerio marcó el nuestro para siempre, y desde entonces fuimos inspirados y empoderados para una mayor expresión en la adoración a nuestro Señor.

La Palabra de Dios nos enseña en 2 Corintios 3:18 '*... somos transformados de gloria en gloria...*'.

En estos últimos años, aquí, en nuestra amada ciudad de New York, al Señor también le ha placido levantar un Ministerio de Artes para glorificar su nombre. Me refiero al ministerio House of

T'heArts, dirigido por nuestra hermana y amiga, la ministro Delki Rosso.

Es un gran gozo para mí felicitar y reconocer la labor de nuestra hermana Delki, quien con un corazón agradecido a Dios y una gran pasión se ha dedicado completamente a instruir, edificar y llevar a otro nivel a cientos de iglesias que anhelan adorar a Dios a través de las artes. Muchos de nuestros jóvenes danzores han sido edificados y bendecidos al ser instruidos en cuanto al uso de panderos, nuevos vestuarios, instrumentos de manos, conducta, compromiso, dedicación y, sobre todo, una total entrega a nuestro Dios.

Amado lector, si usted es pastor o ministro de una iglesia, le invito a abrir las puertas de las artes a su congregación. Le aseguro que el Espíritu Santo usará las artes a través de la juventud para activar, renovar e inspirar su ministerio".

Kenia Sabino
Pastora Heavenly Visión Christian Center
New York, USA

TESTIMONIO #19

"Hace once años pastoreaba en la congregación Adventista del Séptimo Día y por diecisiete años dirigí una iglesia. Todos esos conceptos acerca de que la danza y las manifestaciones del Espíritu eran una irreverencia hacia Dios estaban bien arraigados en lo más profundo de mi ser.

Dios puso en mi corazón el deseo de abrir una nueva iglesia en el Alto Manhattan, y fui a la oficina de la Asociación de las Iglesias Adventistas para que me permitieran un traslado de Portchester y White Plains, New York, donde pastoreábamos dos iglesias, para

comenzar este nuevo proyecto. Aunque mi esposa y yo sabíamos que no estábamos conformes con lo que habíamos conseguido y vivido, como cristianos y pastores habíamos hecho las cosas lo mejor que pudimos, pero en la organización a la cual servíamos no había mucha libertad para una experiencia sobrenatural con Dios, tampoco queríamos nada que pareciera Pentecostal o que tuviera que ver con personas que para nosotros solo actuaban a través de las emociones y no tenían el control de ellas.

En esa nueva tarea de abrir la nueva iglesia, invitamos a nuestro primo Tomás Hernández para que nos ayudara en la tarea, él aceptó. Se habían mudado recientemente desde Florida y estaban buscando algo nuevo. Nosotros le hablamos de la nueva iglesia que estábamos levantando y de nuestra forma de hacer las cosas, pero lo que no sabíamos era que teníamos una iglesia obsoleta y sin la frescura de Dios; esto lo supimos después de escuchar algunos comentarios y ver algunos videos en los que parecía que estábamos en un sepelio y no en un servicio de adoración. Su esposa, Brenda Hernández, lo acompañó a formar parte de la visión; para ese entonces Brenda era parte del Ministerio de Danza House of T'heArts Int. School. Como en nuestra iglesia no se podía danzar, levantar las manos, ni hablar en lenguas, Brenda siempre se ubicaba en la última fila de sillas y levantaba sus manos, hablaba en lenguas y danzaba. Cada vez que tenía la oportunidad ella me hablaba de las experiencias que la danza le producía y de cómo el Espíritu Santo la ministraba al danzar. También, en ocasiones, cuando iban a visitarnos a casa, me mostraba en YouTube los videos de Delki y Dejoy. La verdad es que solo los veía para ser cortés y no pasar por insolente, pero en lo más profundo de mi ser lo que yo pensaba era '... y estos locos, bailarines, mujeres sin oficios..., etc.'.

Por otro lado, mi esposa me decía 'no te dejes influenciar por Brenda, que aunque queremos una iglesia diferente a las demás del sistema no queremos esa populachería de los pentecostales y mucho menos gente bailando en la iglesia'. Siempre le aseguraba a ella que eso no iba a permitirlo.

Un día, mientras dirigía la adoración de la nueva iglesia, Brenda se sentó en la primera fila de sillas y en un momento en que les pedí a las personas que se pusieran de pie para adorar, ella comenzó a danzar en el lugar en que se encontraba. Como yo estaba cerca del altar noté que el ambiente se transformó y que la presencia de Dios comenzó a fluir, entonces comencé a darle importancia a la danza y empecé a ver todos los videos de Delki en YouTube. Un día, mi esposa me dijo: 'Wilson, quiero ir mañana a la clase de danza profética de Delki'. Al día siguiente llamé a Brenda para que le pidiera a Delki que le diera una oportunidad a mi esposa; aunque el nivel de enseñanza de las clases de la escuela de Delki era muy avanzado, le dio la oportunidad.

Mi esposa fue a la clase y cuando llegó esa noche estaba fuera de serie. No paraba de hablar y de llorar, no me dejaba dormir, solo hablaba de la experiencia que en la clase de danza había tenido con el Espíritu Santo. Era increíble, podía ver en ella un gozo tal que nunca había visto. Me dijo que Delki había puesto a todos los estudiantes a tener un momento de comunión con Dios a través de la danza, sin sentir miedo o vergüenza.

Lo que siguió fue una experiencia que le abrió el camino a lo sobrenatural, el cielo se abrió y una luz la cubrió; cayó y quedó con la nariz pegada al piso, sintió que su cabeza estaba totalmente maciza, y aunque trató de pararse, no pudo. Escuchó una voz que le decía: 'No te vas a parar hasta que no termine contigo'. Luego, cuando ella volvió en sí, uno de los estudiantes le dio palabras de ciencia y palabras proféticas. Desde ese día ella siguió yendo a las

clases de danza y a través de la danza y el ministerio House of T'heArts Int. School Dios nos abrió la puerta para llegar al Centro Cristiano Palabras de Vida, donde servimos ahora a Dios".

Pastor Wilson Santos
*Escritor, conferencista y pastor de la Red de Hombres
Palabras de Vida - New York, USA*

PREGUNTAS MÁS FRECUENTES Y SUS RESPUESTAS

Muchas personas me envían mensajes por los diferentes medios sociales de Internet, en especial Facebook. Aquí están las respuestas a sus preguntas, las cuales edificarán tanto a ellos como a todos los demás lectores.

PREGUNTA: *¿Cómo motivo a mis discípulos a dar más de lo que dan?*

RESPUESTA: Una de las maneras más fáciles es sacándolos a ver una obra de arte o un evento de **arte cristiano** donde su mente se expanda y puedan, entonces, entender que hay más. Inmediatamente, tomar su *input* y alistar un tipo de entrenamiento para ellos, ya sea invitando a alguien a tu congregación o llevándolos a una escuela de artes (idealmente cristiana), que les ayude a todos a entrar en ese próximo nivel.

PREGUNTA: *¿Cómo sé que un miembro del ministerio tiene realmente un llamado a la danza?*

RESPUESTA: Hay varias formas de darte cuenta, pero la primera, definitivamente, es preguntándole a Dios en oración. Debe haber un interés y una pasión en esta persona, acompañada con buenos frutos, tanto en lo práctico, como en lo espiritual.

PREGUNTA: *Si alguien es "pie izquierdo", pero hace su mayor esfuerzo y ama danzar, ¿qué hago, lo mando a otro ministerio o le exhorto a seguir adelante en la danza?*

RESPUESTA: Durante nuestras clases de danza, he visto a Dios hacer milagros con gente de "pies izquierdos", pero entiendo lo que quieres decir. Si ves que, definitivamente, esta persona está en el ministerio incorrecto, debes ser sincero y dejarle saber que no la estás rechazando, sino que tú quieres que invierta su tiempo donde Dios realmente lo llamó, porque ese lugar está desocupado, a la espera de que esta persona ocupe ese lugar.

PREGUNTA: *Si alguien de la congregación tiene, según lo que entiendo, un llamado para la danza, ¿cómo puedo hacérselo saber?*

RESPUESTA: Lo más practico sería hablar con esta persona. Invitarla a varias charlas sobre la danza, sugerirle o regalarle un libro que pueda despertar su entendimiento. Deja que el Espíritu Santo lo lleve a ese convencimiento. Mientras tanto tú, en silencio, ora por él o ella.

PREGUNTA: *¿Puedo enseñar a niñas utilizando las mismas técnicas que para las adultas?*

RESPUESTA: Creo en el reto, pues hay niñas que tienen más habilidad que un adulto. Lo más importante al trabajar con niños es tener en cuenta lo limitado del tiempo del que dispones antes de que pierdan su atención. Lo recomendable para un ensayo o

clase de niños es usar cuarenta y cinco minutos, a menos que sean profesionales.

PREGUNTA: *Si no tengo un líder principal, ¿a quién le consulto sobre algo del ministerio o la danza cuando tengo una dificultad?*

RESPUESTA: Siempre es saludable tener mentores en algunas áreas especiales, como son la danza o en algún llamado especial de Dios en el cual no hay expertos o un líder en tu congregación. Ora para que Dios te muestre quién es esta persona que puede servirte de mentor, y luego contáctala para ver de qué manera puede ayudarte y guiarte en el área de la danza.

PREGUNTA: *No sé nada sobre danza y me han puesto a liderar un ministerio, ¿debo tomar el compromiso o no?*

RESPUESTA: Yo solo sabía algo muy básico sobre la danza cuando me encomendaron el ministerio. Si tus pastores confiaron en ti para darte este privilegio, toma el reto y edúcate leyendo, tomando clases, yendo a congresos, etc. ¡El Espíritu Santo te revelará más de lo que puedes imaginar!

PREGUNTA: *¿Cómo sé que lo que estoy haciendo está bien?*

RESPUESTA: Por tus frutos.

PREGUNTA: *Me esfuerzo por dar lo mejor, enseñar y ser de ejemplo, pero aun así no confían en mí o no me tienen como referente; ¿qué debo hacer?*

RESPUESTA: No estoy segura si te refieres a que los líderes no confían en ti o tus discípulos. Por ende, te responderé desde los dos ángulos. Si tu líder no confía en ti es un gran problema, porque esto estanca lo que puedes dar. Si son tus discípulos quienes no confían en ti, debes encontrar la raíz de esta razón y ganarte su confianza.

PREGUNTA: *No sé cómo lidiar con uno de los miembros del ministerio (su temperamento es el problema, quiere demostrar que es mejor que los demás o que yo, es muy chismoso, etc.).*

RESPUESTA: Esto debe confrontarse inmediatamente y cortarse de raíz, aunque con amor. Es algo que, eventualmente, infectará todo el ministerio y no viene de parte de Dios. La manera correcta de confrontar a esta persona es iniciar una conversación, destacar sus atributos y luego dejarle saber que la corrección que vas a hacerle es para su bien y el bien del ministerio. Cuando confrontes, siempre hazlo junto a una segunda persona de testigo.

PREGUNTA: *Alguien me dijo que nosotros, como cristianos, no debemos representar algunos géneros como bachata, cumbias, merengue y todo esto... porque en la Biblia está escrito que solamente debemos adorarlo con salmos. ¿Es así?*

RESPUESTA: Dígale a ese alguien que no use su carro, ni el tren, ni su celular, ni prenda los bombillos en su casa. ¡Ah!, y que no se ponga sus buenos zapatos, sino que se quede en chancletas como las que usaron los discípulos, porque tampoco sus zapatos estaban en la Biblia.

Los géneros musicales se crearon por las diferentes culturas y razas que se han ido formando. En **mi opinión personal**, siempre y cuando el centro de la música sea **Jesús** y el mensajero viva una vida de adorador, no importa el género.

Hay muchas músicas que aparentan ser muy espirituales y las letras son antibíblicas.

PREGUNTA: *¿Cómo selecciono una canción para ministrar? ¿Cuál es el criterio que debo usar?*

RESPUESTA: La canción debes seleccionarla de acuerdo a qué tipo de evento sea. Si es evangelístico es recomendable algo con lo que la gente no cristiana se relacione. Algo con un ritmo llamativo

y artes creativas. Si es un evento de "Mujeres Vencedoras", pues entonces puedes escoger una canción como arrebato de "Nancy Amancio", la cual activará algo en mujeres que quieren vencer y arrebatar. Siempre es bueno dejar que Dios te dé instrucciones específicas, si es que Él tiene algo de su preferencia, o exponerle varios temas para que Él te confirme.

PREGUNTA: *¿Qué instrumentos debo usar?*

RESPUESTA: Lee el capítulo "Arrebatando las artes".

PREGUNTA: *¿Cuáles instrumentos no son adecuados para utilizar en la iglesia?*

RESPUESTA: Lee el capítulo "Arrebatando las artes".

PREGUNTA: *He escuchado que si una canción es de guerra debo usar pandero, si es de liberación debo usar alas o mantos. ¿Cómo puedo saber cuándo una canción es de guerra o profética, etc.? ¿Es necesario usar instrumentos específicos para cada cosa?*

RESPUESTA: No creo que haya un método para cada canción. Creo que debes ser sensible al Espíritu Santo para que te dé instrucciones específicas respecto al instrumento que él quiere que uses. Otra opción es usar la lógica y saber que en una adoración no es adecuado musicalmente que uses un pandero, porque el sonido va a interrumpir lo que se está haciendo, en lugar de aportar algo.

PREGUNTA: *¿Es correcto ver un video en YouTube y hacerlo tal cual?*

RESPUESTA: Lo que recomiendo en referencia a los videos de YouTube u otros videos que puedas ver es que tomes la idea, pues sé que es una manera de expandir tu mente y sacarte de la monotonía, pero no te acostumbres a hacer las coreografías tal como están (a menos que tengas permiso del coreógrafo de esta pieza). Es recomendable que hagas tus propias coreografías, ya que esto será un reto para todos y les dará su propia identidad como ministerio.

PREGUNTA: *En la confección de la ropa, ¿debo tener en cuenta al 100% de los significados de los colores?*

RESPUESTA: Los colores son muy importantes y es impresionante confeccionar un diseño para algo específico que Dios te envía a hacer. Al mismo tiempo, todos los colores son de parte de Dios y confeccionar un diseño de un solo color, simplemente porque te gusta, sé que también agradará a Dios. Siempre que estés conectado con Dios y en obediencia a todo lo que Él pone en tus manos, Él lo usará para bien.

PREGUNTA: *¿Qué opinas acerca de que hay personas que satanizan las alas usadas por una tal Isis?*

RESPUESTA: Lee el capítulo "Arrebatando las artes".

PREGUNTA: *¿Cómo Dios te ve cuando fallas y el único método que encuentras para que Dios te mire es danzar?*

RESPUESTA: Cuando le fallamos a Dios y hay un verdadero arrepentimiento, dice el Señor en Isaías 1:18 "... *si vuestros pecados fueren como la grana, como la nieve serán emblanquecidos; si fueren rojos como el carmesí, vendrán a ser como blanca lana*". No creo en los métodos, pero si tuviera que escoger uno para que Dios me mirara, estoy segura que sería la **obediencia**, pues he visto milagros ocurrir en mi vida a medida que le he obedecido.

PREGUNTA: *¿Pueden los hombres utilizar todo tipo de instrumentos para ministrar en la danza?*

RESPUESTA: Honestamente, he visto pocos hombres que al usar todo tipo de instrumentos se ven bien masculinos. Por esta razón recomiendo ciertos instrumentos en la sección de los hombres que danzan, en el capítulo "La danza creativa y profética".

PREGUNTA: Mucha gente me pregunta cuál es el éxito para hacer grandes cosas para Dios.

RESPUESTA: Aquí comparto una lista que yo llamo **"Consejitos de éxito"**. Estos son consejos personales y espero que te bendigan:

- ❈ DEPENDENCIA total del Espíritu Santo.

- ❈ FIDELIDAD: Sé fiel en lo poco y en lo mucho Él te pondrá. Sirve dónde estés, con excelencia, y como consecuencia su gracia y su favor te seguirán. ¡Ese lugar es tu campo de entrenamiento!

- ❈ BUSCA la dirección y la aprobación de Dios y de tus líderes.

- ❈ ESCRIBE tu visión y misión. Si no sabes para dónde vas, ya llegaste.

- ❈ HONRA a tus líderes y reconoce que ellos son puestos por Dios.

- ❈ ESPERA el KAIRÓS, el tiempo de Dios.

- ❈ CARÁCTER de Jesús. Desarróllalo en ti con sujeción, servicio, amor, etc.

- ❈ OBEDIENCIA (adoración) como estilo de vida. En la obediencia hay bendición.

- ❈ APRENDE de todo en todo momento. Aquel que cree que todo lo sabe, que cave un hoyo, se tire tierra encima y se entierre, porque ya murió.

- ❈ DISCIPLINA para prepararte, pero especialmente para hacer todo lo que no te gusta.

- ❈ ADORA no solo para decirle a Dios que le amas y para dirigir a su pueblo, sino también para meterte en las profundidades celestiales y luego depositarlas aquí en la Tierra.

- ❈ COMPROMISO con Dios, tu familia, tus líderes, equipo/ ministerio, congregación y contigo mismo.

❋ TRABAJAR FUERTE: Acuéstate tarde y/o despiértate más temprano. Si quieres un ministerio exitoso, no seas perezoso (Proverbios 6).

❋ MOTIVACIÓN: Sé un gran motivador de ti mismo primero antes de intentar motivar a la gente. No me digas que eres un "motivador" si necesitas que te motiven todo el tiempo...

❋ PASIÓN: Ten la fuerza sobrenatural para vencer obstáculos. Apasiónate de lo que a Él le apasiona y tu función será mucho más fácil porque Él te dará las estrategias.

❋ AMOR Y CRUZ: Todos los sueños de Dios se cumplirán en ti siempre y cuando tengas en claro que solo en Él, por Él y para Él lo estás haciendo todo.

❋ Todo empieza y termina en un lugar: El AMOR. Ocúpate de cumplir los sueños de Dios, ¡y Él se ocupará de cumplir los tuyos! El ministerio es solo una herramienta para que AMES, CUIDES y ENTRENES a sus ovejas. Si amas más al ministerio que a sus ovejas, entonces te has confundido o te has desviado de la pasión por Jesús.

> **SI AMAS MÁS AL MINISTERIO QUE A SUS OVEJAS, ENTONCES TE HAS CONFUNDIDO O TE HAS DESVIADO DE LA PASIÓN POR JESÚS.**

REFERENCIAS BIBLIOGRÁFICAS

❀ www.es.thefreedictionary.com

❀ www.biblegateway.com

❀ www.wikipedia.org

❀ Santa Biblia, versión Reina Valera 1960

❀ Las reglas del combate, por Cindy Trimm

❀ Notas de talleres, por el Profeta Greg Miller

NOTA ESPECIAL

Amado esposo,
Desde que te conocí mi vida ha ido en aumento.
Con esta nota quiero honrarte y que nunca olvides que reconozco
que soy la mujer que soy, porque te tengo a ti.
Gracias por las muchas veces que has cedido tus sueños por ayu-
darme a cumplir los míos. Por ser mi mejor amigo, mi hermano,
mi esposo, mi compañero ministerial, mi todo.
Tu integridad y sensibilidad por los demás me ha mostrado el
carácter de Jesús.
Te amo, negrito, y sé que después de que todas las luces se apagan
y otros se olviden de mí, siempre te tengo a ti.

"Tu Estilo de Vida de Adoración, es la llave al Corazón de Dios"

Made in the USA
Columbia, SC
16 September 2024